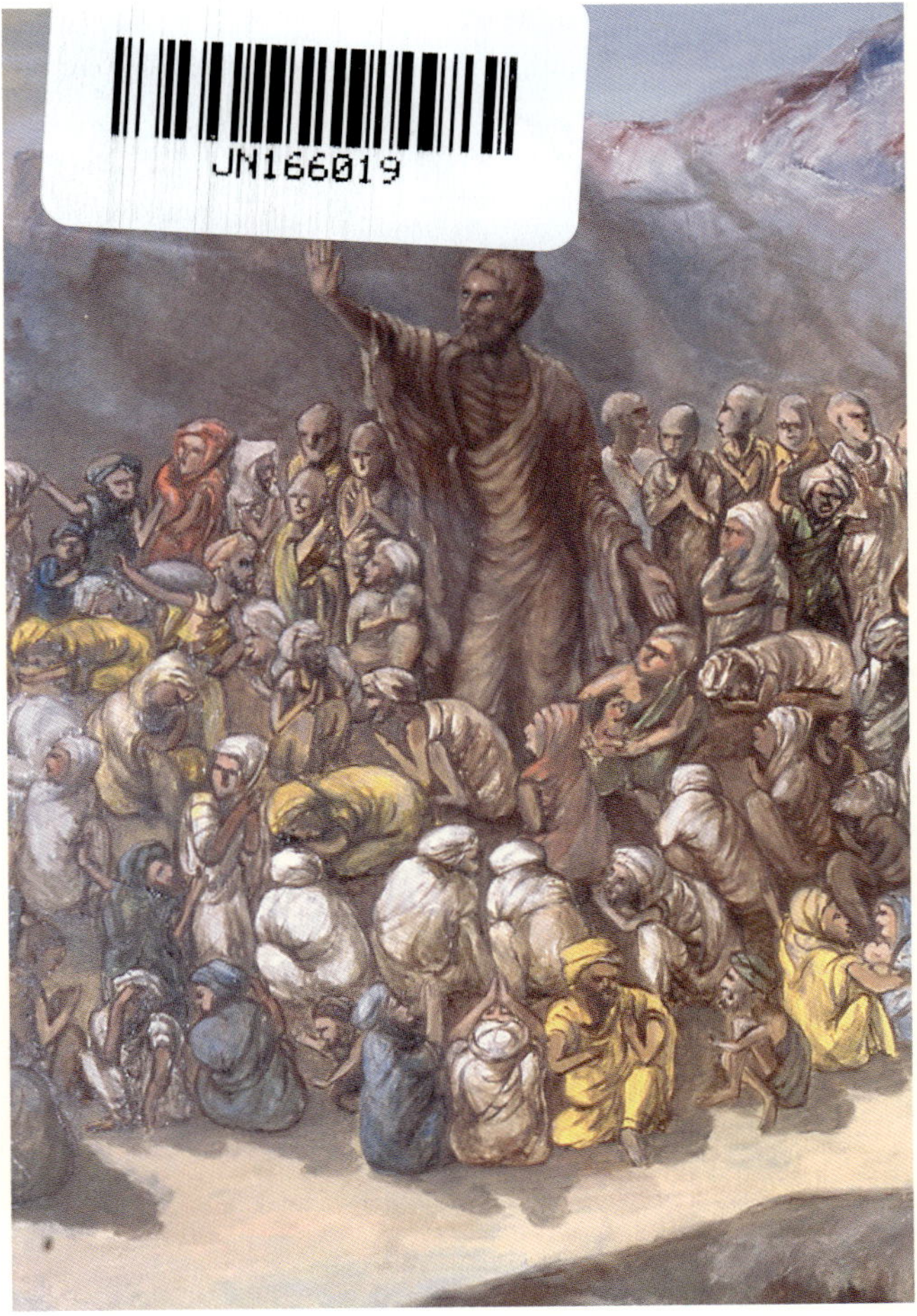

『釈尊伝』（部分）1969年制作、キャンバス、油彩、縦193cm、横490.5cm

ちくま学芸文庫

ほとけの姿

西村公朝

筑摩書房

目次

ほとけの姿

改訂版　はじめに

西村公朝

日本にはたくさんの仏教寺院があります。今日、世界各地で仏教美術展が開催され、仏像・仏画を所蔵している美術館も多く、また仏教に深い関心を寄せて、日本美術を研究している専門家や愛好家、学生もたくさんおられます。しかし仏像や仏画は単に仏教美術としての歴史的遺物ではありません。それらは信仰の対象とした「祈りの造形」であり、日本では仏教が伝えられた六世紀以来、今日まで祈りつづけ守りつづけてきた仏教徒の文化史でもあるのです。

仏像は基本的にはブッダ（釈尊）の姿を造形したものですが、日本ではブッダを初めとするその他一切のほとけたちを含めて、「ほとけの姿」と呼んでいます。ではその「ほとけ」たちは、今どこにおられ、そこはどのような世界を構成しているのでしょうか。このような問いは、古来、信仰者の間でも問題になっていましたが、仏教を説く経典の文字はむつかしく、また高僧の説明も哲学的となり、やはり大衆には理解しにくい点が多かったのです。

そこで私は、その解答をできるだけ、やさしい言葉で、イラストを多く使って、仏像の根本的な見方・考え方を知るための手引きとして一冊にまとめました。そして古来、造形されてきた仏像や仏画が、私たち現代人に何を示し、何を説こうとしていたかについても説明しました。

本書を通して、仏教について何も知らない方、あるいはこれから仏像の造形について学んでみたいと思っている方々に、まず仏像の美しさと、その神秘な造形に興味を持っていただきたい。そして特に日本美術史を研究している方々にも読んでいただき、この祈りの造形的見方を、より深い理解と研究のために役立てて頂きたいと思います。

二〇〇〇年八月

ほとけとはどんな姿でどこにいるか？

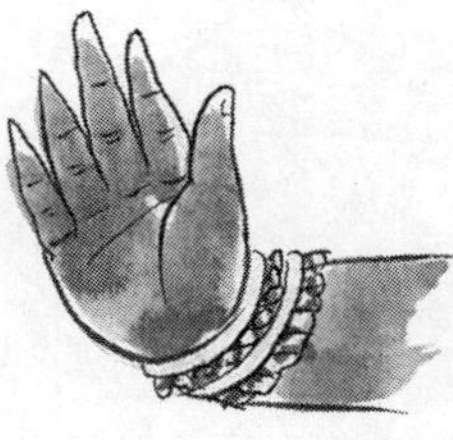

わたくしは昭和十五年に、東京美術学校（現東京芸術大学の前身）の彫刻科を卒業、その翌年に、奈良にありました美術院国宝修理所に仏像の修理者として就職しました。
そこで今日までわたくしは、国が指定した貴重な仏像に手をふれさせてもらい、その数は、約千三百体になりました。そのうち、京都・三十三間堂の、あの有名な千体仏の千手観音を六百体修理させてもらうご縁に恵まれました。
このように古い仏像の造像技法や保存の仕方をずっと勉強していましたので、昭和三十九年から東京芸術大学の大学院でこれらのことを教えるようになりました。日本の古典彫刻や絵画、つまり仏像・仏画の造り方、描き方、それらの保存技術などの研究の場として、

芸大に新しい講座ができたからです。
そこの学生は、学部の方から入ってきます。大学院は二年間で、学生は年に二、三人ですから、二年次のものを入れても五、六人で、さらに研究生が加わっても、七、八人というわずかな人数ですから、いわば膝つき合わせての指導です。
わたくしは、技術を指導する前に、まず仏像・仏画とは何かということを話しておかねばならないと思いました。
そこで定義的なことから説明しようとして「仏像とはほとけの姿を形としたものである」と話しましたところ、たちまち学生たちから、ではほとけとはなんですか、という質問が返ってきました。仏像がほとけの姿を形としたものであるというならば、そのほとけ

とはどんなもので、どこにいるのか、また、仏像は、みな人間の姿で造られているが、ほとけとは、ほんとうに人間の姿をしているのかどうかという質問です。

これは、学生たちがわたくしを困らせてやろうというのではなく、そのことから、実際に自分が納得しなければ、造形する時に、自分のイメージを高めることができないという芸大生たちの真剣な問いかけなのです。

わたくしはまた、天台宗の僧侶として、京都の奥嵯峨にあります愛宕《おたぎ》念仏寺の住職をしています。ですから、わたくしの寺の信者さんたちといつも信仰的なお話をしています。その話の中で、わたくしがほとけさま、ほとけさまといっても、その信者さんたちから、ほとけさんは本当にいるのですか、それらはどこに、どんな姿でというようなことは誰一人質問するものはありません。それこそ当然のような顔で、うれしそうに話を聞いてくれています。

学生たちも、おそらく子どものころには、両親や祖父母が、ほとけさんのことを話しているのを見聞きしているはずです。そのころは、何とはなしに聞いていたのです。しかし今、現実に自分がこれから仏像を造ってみよう、仏画を描こうということになって、その実体を知らねばならないということに気がつきますと、このような疑問が学生たちの方にわきあがってきたのです。

わたくしは最初、この学生たちの質問をうけたとき、ぎょっとしました。このことはじつは、わたくしも若い頃は、彼らと同じ疑問をもっていたからです。

わたくしの場合、学生のころは、いわゆる新進作家の彫刻家を目指していました。それがふとした因縁で、国宝修理所に入り、古い仏像をさわらせてもらうことになったのです。こうなりますと、わたくしは各宗派のお寺へ修理に行くことになります。そして、そのお寺のご住職にお会いして、いまの学生たちと同じような質問をしました。しかしわたくしは現に修理者としてそのお寺で仏像にさわっているのですから、学生たちと同じようなことばづかいで、このお姿がほんとうのほとけの姿ですか、とか、またほとけはほんとうにいると信じていますか、というような質問は、あまりにも失礼でいえません。しかし、わたくしの気持ちには、これからその仏像にさわっていくものとして、その本質を知っておかねばならないという思いがあって、全く学生たちと同じ疑問を抱いていたのです。

しかし、このわたくしの素朴な疑問が解消し、ほんとうに納得できるような話をして下さったご住職が少なかったということも現実で、さびしく思ったこともあります。

しかしそれはある意味では、お前は仏像の修理者だから、そんなことは考えずに黙って仕事をすればいいというふうなことだったのかもわかりません。ともかく、まともに答えてもらえなかったことから、むしろわたくし自身が、自分でそれを知らねばならないという思いがもえあがりました。

仏像というのは、いうまでもなく仏教における信仰の対象です。そういう意味では、まず仏教とは何かということから学ばねばなりません。つまり仏教そのものの勉強へとわたくしの気持ちが向かっていったのです。

まず最初に、仏像を造った昔の仏師たちのことを考えますと、ほとけの形を造るにあたって、まず、ほとけの姿とは何か、そのほとけたちのいる世界はどうなっているか、ということからじゅうぶんに知ったうえで造っていたと思います。もしそうだとしますと、わたくしが、古い仏像を調査したりその仏像に手をふれるということは、それを造った昔の仏師たちの考え方や心にもふれていることになるのです。つまり、形をとおしてはっきりとその仏像から、いろいろのことをわたくしに教えてくれていることになるのです。ご住職からは答えてもらえませんでしたが、仏像

が直接教えてくれていたのです。だからわたくしは真剣に仏像・仏画の形をみました。また経典もわたくしの知慧でわかる範囲のものを読んだり調べたりということをしてきました。

そこで、そうして得た知識をもとにして、こんどは学生たちに説明したのです。

ほとけの姿には三身といって、法身《ほっしん》・報《ほう》身《じん》・応身《おうじん》という三つがあります。さて、そういうほとけたちの住む世界の説明にも三つあります。これらについては後に詳しく説明しますが、まず『梵網経《ぼんもうきょう》』にいわれている蓮華《れんげ》蔵《ぞう》世界、次に密教でいう曼荼羅の世界、そして禅宗、あるいはもっと古い法相宗《ほっそうしゅう》など奈良時代の古い宗派でいう如《にょ》の世界です。それらの三つの説明の中に、いろいろのほとけさま

が出てくるのです。これらを分類しますと、如来・菩薩・明王・天部の四つのグループになります。まず如来のグループはたとえば阿弥陀如来・薬師如来・釈迦如来・大日如来などで、菩薩のグループは、観音菩薩・地蔵菩薩など、次に明王のグループは、不動明王・愛染明王など、さらに天部のグループは、四天王・仁王・十二神将などです。と以上のようなことを学生たちに、時間をかけて話しました。

芸術作品は、どんな心がまえで制作しなければならないかといいますと、これはあくまでも作者が自分の意図どおりに、自分の考えどおりに造った作品でなければなりません。人の作品を真似たものは、模造であって創作とはいえません。ですから芸術作品は、作者

が自由に自分の思いどおりに創作表現していいのです。これと同じように仏像も、芸術作品と考えれば、作者の思いどおりに造っていいのです。しかし、仏像は単なる彫刻ではありません。これはあくまでも信仰の対象ですから、そこに仏教の真髄が表現されていることが必要なのです。

仏像彫刻をホテルのロビーに置くとか、床の間に置くということであれば、これは作者の思いどおりに造ってもよいでしょう。しかし、お寺でその仏像を祀って、信者の人たちが敬虔な思いで拝むということになりますと、これは作者の思いだけではいけません。あくまでも仏教の真髄が表現されたものでなければならないのです。

では、仏教の真髄とは何か、といいますと、

天上天下 唯我独尊

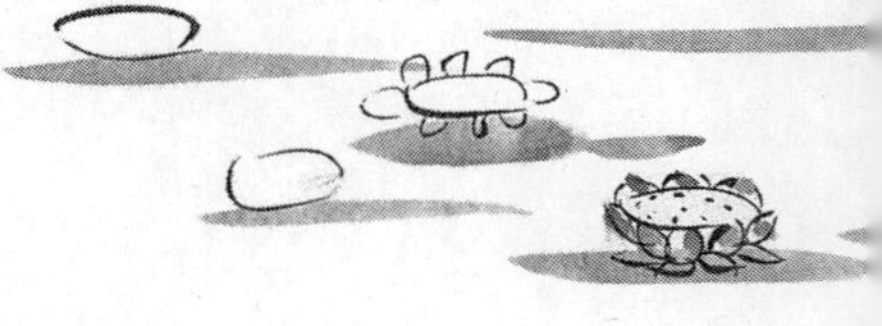

これは慈悲だといわれています。この慈悲の表現が仏像のうちで大事な点になるのです。
　キリスト教の真髄は愛です。慈悲も愛も、人が人を愛するという点では同じです。しかし単なる愛では、いかに相手を愛しても、その人から裏切られますと、たちまち憎しみに変わってしまいます。しかしここでいう慈悲は、親が子に対するような愛情です。それはたとえ親不孝されても、やはりその子がかわいいという親の愛情が慈悲なのです。そういうものが、形のうえで表現されていないと信仰の対象にはならないというのです。
　では具体的に慈悲の形とはどのようなものかといいますと、たとえば赤ん坊を抱いている親のからだの姿勢、指先にみられます。親は赤ん坊を抱くとき、その赤ん坊を絶対に落

とさない抱き方をしています。それこそ、どんなに突発的な衝撃を与えられても、赤ん坊は絶対に落とさないという足のふんばり、腰や、肘のかまえがしっかりできています。それでいて赤ん坊には苦痛を与えるような指先ではないのです。たとえばわれわれの指は、ものをつかむために指先に力が入るようになっています。そういう指先に、力を入れ、赤ん坊をにぎりしめてはいけないのです。指先はあくまでもスポンジのような柔らかさで赤ん坊を抱きかかえる、そういう姿勢、形が、慈悲の表現の一つになるのです。またわたくしたちが赤ん坊をやさしい眼差しでみる。これも慈悲の表現の一つになるのです。

仏像は、釈尊が亡くなられて、すぐにできたものではなく、紀元一世紀の中ごろに造ら

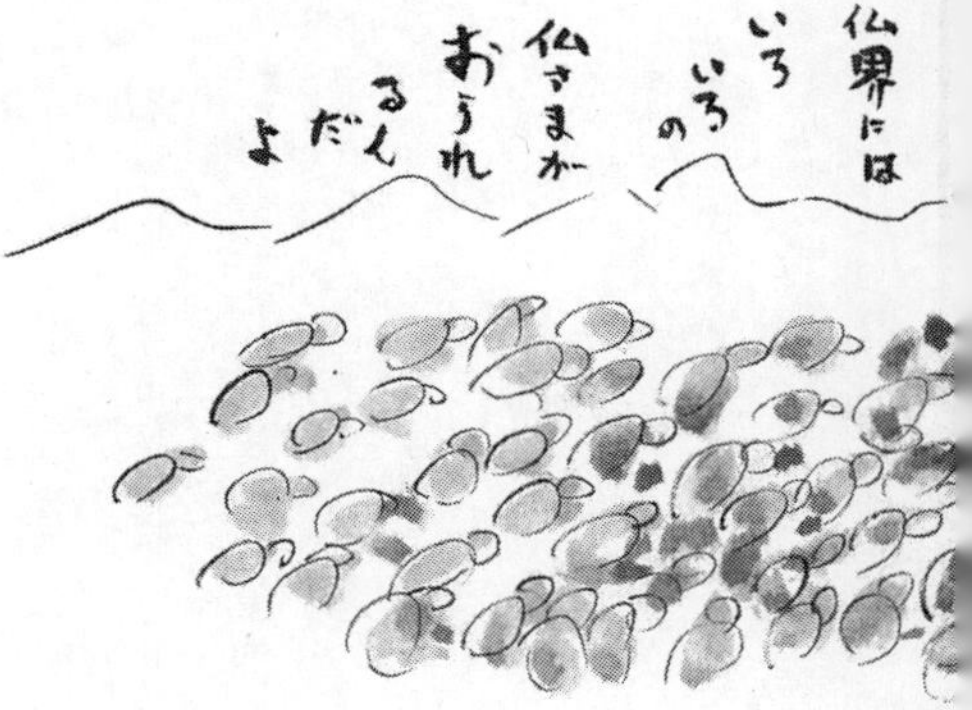
仏界には
いろいろの
仏さまが
おられるんだよ

れ始めたといわれています。大乗経典の成立もまた、そのころです。そういう経典の中に、たとえば『法華経』の中で有名な「観世音菩薩普門品《ふもんぼん》第二十五」（通称「観音経」）というのがあります。これによりますと、観音さまについていろいろと質問があり、それに対して釈尊が答えています。その質問は、観音の功徳はどういうものかとか、何故観音というのかというような質問です。ところが、その中で、ではその観音さまとは、どんな姿ですかという質問がなされていないのです。ですから『法華経』にでてくる観音の姿を造形しようとしたときに、問題が起きるのです。

　そこで後世の僧たちが、観音、さらに他のほとけたちのお姿を考えるについて、いろいろな考えがでてきたのです。その考え方、解釈、答えの出し方が、今日にみられるいろいろな宗派になっている。また各宗派の本尊も、そういう人々の考え、答えの出し方から生まれたものではないかと思うのです。

では、「観音経」にみられるように、さまざまな質問をした大衆が、なぜ釈尊に、ほとけの形について質問していなかったのでしょうか。

釈尊をモデルにしたほとけの姿

四方八方に
光を放つ

『法華経』の中に有名な「観音経」があります。

これをみますと、釈尊に、大衆からいろいろの質問が出ています。観音さまとはどういうお方で、どういう功徳《くどく》があるか、というような質問です。

それに対して釈尊はいろいろと答えておられるのですが、その中で「観音さまとはどういう姿ですか」ということの質問がないのです。これがのちに問題になってくるのですが、なぜお姿の質問がなかったのでしょうか。

当時のことを考えますと、大衆にとっては釈尊から話を聞いているとき、釈尊のお姿やお声が、それだけでもありがたい。おそらくみとれていたのでしょう。

ですから釈尊から、この世にありがたいほ

とけさまがいるといわれましても、大衆にとっては、釈尊の姿を通して、ほとけさまの姿を想像していた、ということではなかったかと思うのです。ですから、あらためて観音さまのお姿については質問しなかったのでしょう。

さて、その釈尊は八十歳で亡くなりました。釈尊の噂を聞いて、一目お会いしたい、一度、お話を聞きたいと、インドの国の端々から釈尊をたずねて、やっと辿りついた人々にとっては、釈尊がすでにこの世にいないということはたいへん残念なことです。

そこで、釈尊をいつもみていた人たちに、釈尊はどういうお方であったか、どういうお姿だったかといろいろに質問したと思うのです。これに対し釈尊をみた人たちは、「お釈迦さまの背の高さはこれくらいで、肌の色はこうだった」と、説明をしたでしょう。それが今日いろいろの経典から集められた三十二相八十種好です。つまり釈尊のからだについて三十二の特徴と、細かい動作まで含めた八十種好で計百十二の伝承です。

そうしますと、釈尊に出会わなかった人たちは、釈尊のそういう姿を実際の形にして、それを信仰の対象として拝んでいきたいという気持ちが起こってくるのは当然です。しかしみていた人たちにとっては、とてもあの尊いお姿は、わたくしたちのような汚れた人間には、とても造形することはできないというふうに思ったことでしょう。

そこで釈尊の在りし日の姿として、釈尊はどの菩提樹の下に坐っておられたとか、釈尊

はこの石の上に立って説法されたといったことから、釈尊の足跡である仏足跡や菩提樹を信仰の対象として、拝んでいくようになったのです。キリスト教でもこれと同じです。

つまり十字架を表現しながら、そこにはりつけにされたその十字架をシンボルとして拝むようになったのです。

また釈尊に会えなかった人々は、会えた人に聞きます。「お釈迦さまはどのようなお方だったでしょうか」。これに対し、「それはもう太陽のような、ありがたい方でした」と。このようなことから、釈尊を太陽にたとえ、それを図案化して輪宝《りんぼう》という形に造り、この輪宝を釈尊のシンボルとして、信仰の対象にしたのです。釈尊の像そのものは造らなかっ

輪宝

仏足跡

たのです。つまり造らなかったというよりも、造りえなかったということでしょう。

ところがその後、アショーカ王がインドを統一、仏教を国教として、釈尊の足どりを辿って、巡礼の聖地に記念碑を造りました。その後になって、釈尊の三十二相八十種好を参考にして釈迦像が造られるようになったのです。ですから、釈尊が亡くなって約三百年ほどのちに、いわゆる仏像ができたのです。

釈尊は、二十九歳で王城を出て、六年間の苦行の後、三十五歳でさとりをひらきました。そして八十歳でお亡くなりになるまでの四十五年間、わたくしたちに説法をしてくださいました。

それは、いったいわたくしたちに何をいおうとされていたのかと、後世の僧たちは考え

苦行の釈尊

ました。

　そこで仏教学者のような方たちが集まりまして、いろいろな伝えをみんなが持ち寄りました。そしてそれらを検討した結果、釈尊はわたくしたちに慈悲を説かれた、つまり、仏教の真髄は慈悲だとの結論を出したのです。このようにみんなが釈尊の教えを持ち寄っていろいろな語り伝えを文章にしたのが今日に残る経典です。

　ところがこの経典に、たとえば先ほどの「観音経」でもそうですが、そこにはほとけの名前はでてきても、ほとけの姿にはふれられていません。そこで大衆が信仰の対象としてほとけの像を求めるようになりますと、釈尊がいっておられたほとけとは何か、その姿とは、という問題に直面したと思うのです。

ではほとけとは何か。これはたいへんむずかしい問題ですが、これについてはおいおいできるだけの説明をしたいと思いますが、ここで今、簡単に一つの例をとってお話ししておきます。

わたくしたちは地面からできたものを食べて生きています。そのわたくしたちの食べ物を生み出してくれる土への感謝を、祈りの対象として造形しようとするとき、その表現がむずかしいのです。土に感謝をしようというのですから、土そのものを拝めばいいわけですが、一般には、土のありがたさはわかっても、土そのものに合掌することはなかなかできません。

そこで一般にだれにでも理解しやすいほとけの名前に切り替えて、地蔵菩薩と呼び、そ

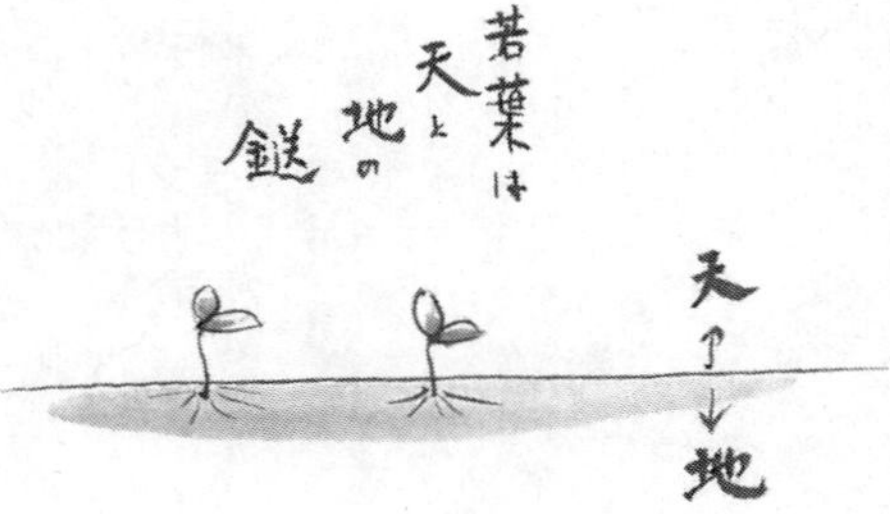

の像を造ります。つまり土の尊さを人格化表現したのです。これが仏像の起源です。

さて、人格化表現するにあたって、どんな人間の姿でもいいかというと、そうはいきません。

人間の姿のなかで、もっともありがたく尊いものは、仏教者にとっては釈尊のお姿ですから、仏像は、釈尊の姿を参考にしました。

その釈尊の姿のなかで、王子のころの姿が菩薩のモデルになります。また釈尊が三十五歳でさとりをひらかれました。その成道後の姿が如来のモデルになりました。また、釈尊は王子のころ、武勇にすぐれていたことから、その勇ましい姿が明王のモデルになっています。また王子のころの釈尊には、家来たちが沢山側にはべっています。そういう身辺にい

て、釈尊を守っていた人々が、四天王・仁王・十二神将といった天部のモデルになっているのです。

仏像は人間の姿で造られていますが、如来・菩薩・明王には男女の区別はありません。しかし、一般には、菩薩は女性ではないかという質問をよく受けます。

これに対する答えですが、まずほとけさまは、男でも女でもありません。それは先ほどいった法身である土のもつ法力《ほうりき》を造形したのが地蔵菩薩という報身ですから、土そのものには、いうまでもなく男女の区別はありません。しかし造形のモデルとなっているのは、釈尊ですから、みな髭が描かれています。つまり菩薩像は、やさしく表現されたために美しくやさしい女性のようにみえるのです。し

お釈迦さんの
王子の頃の姿が
口ひげがある

かし天部は、前記のように釈尊の家来たちですから男女の区別があります。

このように釈尊の姿をモデルにして、かねてから伝えられていた三十二相八十種好を参考にしてきたのですが、そのおもなものをとりあげてみましょう。

三十二相の順序は足元から順番に頭の方へ視線がいくように書かれています。まず釈尊の足の裏はどうか、足の甲の形は、というように足元から書かれているのですが、このこと は、大衆が釈尊の前にひれふして足元から見上げていくような表現になっています。

また釈尊のからだは、遠目からみますと、全体が金色に輝いている。肌の色が金色で、全身から光が出ている。その光の出ている長さはおのおの一丈といいますから、約三メートルの光がからだの四方八方から出ているということになります。

ですから釈尊が大衆の中で立って説法しておられるのを舞台的に遠くからみておりますと、釈尊のところだけにスポットライトをあてたように光っているということになります。

またその釈尊のからだのうしろには円光が輝いていたといわれています。仏像のうしろにまるい輪のようなものがあります。これを輪光背《りんこうはい》といいますが、そのような輪光をからだ全体から放っていたということです。また釈尊の肌は、ひじょうにきめがこまかで、なめらかであり、そして清潔であって、美しい、と。

また、われわれと同じように、毛穴からうぶ毛が生えているのですが、これらはみな右

まわりになっている。また毛の色は青く光沢がありますので、釈尊の肌を遠くからみますと、孔雀の翅のようだとあります。また、頭の上をみますと、頭上がコブのようにふくれている。これを肉髻《にっけい》相と呼んでいます。

また額には、眉間に白毫《びゃくごう》がある。これは白い毛が一本生えていたということですが、この毛も右まわりです。絵画の場合ですと、額のところに白い線で渦を描いていますが、仏像で木造の場合は、そこに水晶を嵌《は》めこんでいます。また、まゆ毛はひじょうに長くて、毛の一本々々がこまかく、細く、やわらかい。形は三日月形だとあります。

また瞳は、金色で水晶のように美しい。鼻は高くて、まっすぐ。唇はビンバカという赤い色の果物のようであり、耳は耳朶が垂れて

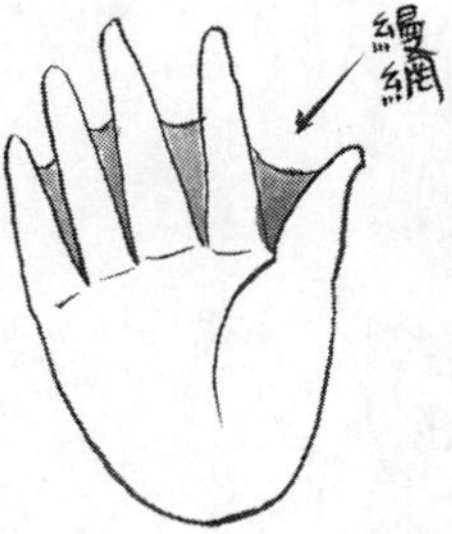

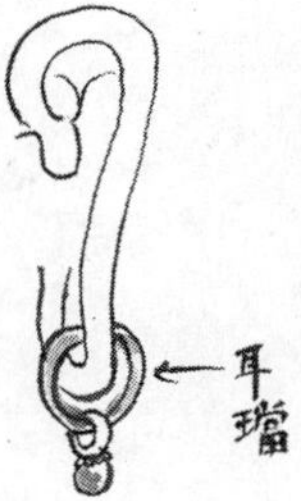

いて、そこに穴があいている。この耳朶に王子のころの釈尊は、耳飾り（耳璫《じとう》という）をつけていたのです。

また釈尊は、わたくしたちのような常人とまったく異なった偉大な方であるということから偉大が大きいということの意味になり、釈尊の背丈の寸法が一丈六尺というふうに伝えられております。つまり丈六《じょうろく》像といわれるもので、今日でいうと、約五メートルの高さということになります。

ですから釈尊の坐った像は半丈六といいます。

また釈尊は、指と指の間に縵網相《まんもうそう》という水鳥の水かきのようなものがあった。これは釈尊が水も洩らさないというように、おぼれる衆生をすべて救いあげるという象徴になって

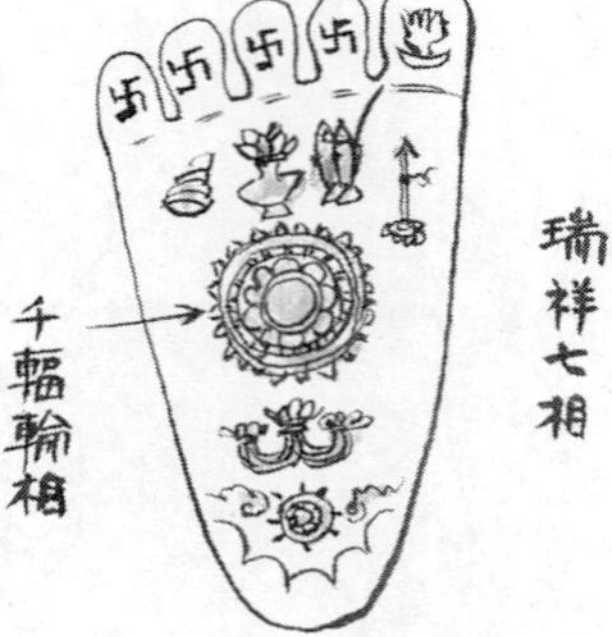

います。

このように、いろいろと伝えられている中でもっともやかましくいわれる個所は足の裏です。ふつうですと、土ふまずといって、足の裏の中心部がへこんでいるものですが、釈尊の足の裏はまったいらで、しかもそこには瑞祥《ずいしょう》七相という七つのおめでたい指紋があり、その中でもっとも有名なのが千輻輪《せんぷくりん》相だといわれています。

このように仏像は釈尊の姿を参考として、ほとけの姿を人格化表現したものですが、ではそういうほとけたちはどんな世界におられるのかということが次に問題となってきます。

これに対し古来の僧たちには、蓮華蔵世界・曼荼羅の世界・如の世界という三つの説明法がありました。

ではその最初の蓮華蔵世界とはどのような
ところでしょうか。

仏教の終着駅日本にその姿

経典は紀元一世紀の中ごろからできたといわれています。したがってそこに出てくるほとけさまの姿が造形化されたのは、ほぼそれと同じころであったと思われます。

ところで、誰が実際にその仏像を造ったかを考えますと、いうまでもなく仏師が造ったのです。では仏師は仏教についてなにもかも知ったうえで造っていたかというと、そうではありません。もちろん僧に指導されて造っていたはずです。ほとけの世界や姿について僧からじゅうぶんに指導され、初めて彫刻家が仏像の姿を彫ることができたのです。

仏師は彫刻家ですから、あくまで一技術者です。ですから、僧にいろいろのことを教わって、自分なりにほとけの姿やほとけの世界のイメージを高めていかなければ造形ができないのです。その最初の僧たちが説明したと思われる内容が、『梵網経』というお経にみられるのです。

それが蓮華蔵世界観です。ところが次に、密教でいう曼荼羅の世界観ができ、さらに、禅宗などでいう「如《にょ》」の世界観ができてきます。このようにほとけの世界の説明には、大きくは三つになるのですが、今日われわれが、お寺でみる堂内の須弥壇《しゅみだん》や、そこに祀られている一体々々の仏像の表現はすべて、最初にいった蓮華蔵世界観が基本になっているのです。つまり、曼荼羅の世界観であっても、その造形の基本は蓮華蔵世界観だということです。

さて、仏像は一世紀の中ごろからインドを初めとして造られ、それが中国に入り、そし

東大寺大仏殿の蓮弁

て朝鮮半島を経て、わが日本で造られるようになったのは紀元六世紀でした。この日本へ来るまでの約五百年間に、インドや中国、そして朝鮮半島では多くの仏像が造られていたのです。

そうしますと、そこに造られている造形の基本には、これこそ蓮華蔵世界という仏界の表現であろうというものが造られ、そしてその中での仏教ですから、当然蓮華蔵世界観を感じさせるような情景がみられたと思うのです。ところが、今日では、その全体が完璧な形で残っているのはどこの国にもないのです。

それが不思議というか、仏教での終着駅のような日本にあるのです。それは東大寺の大仏殿の中であの有名な大仏さまの坐っておられる台座の蓮弁に、この蓮華蔵世界観が線彫《せんぼ》

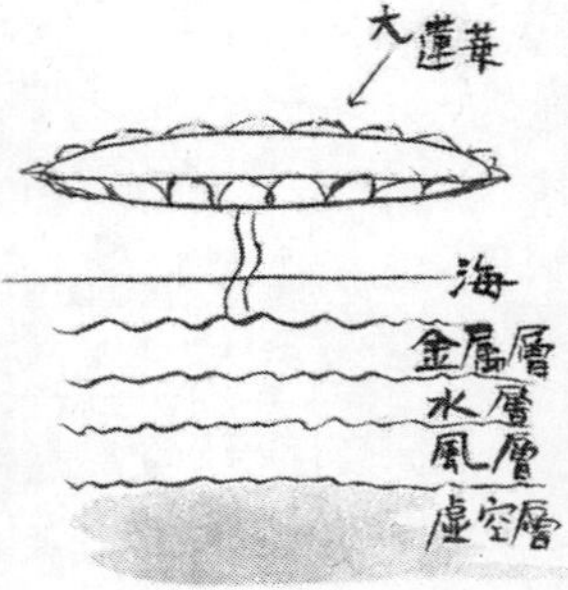

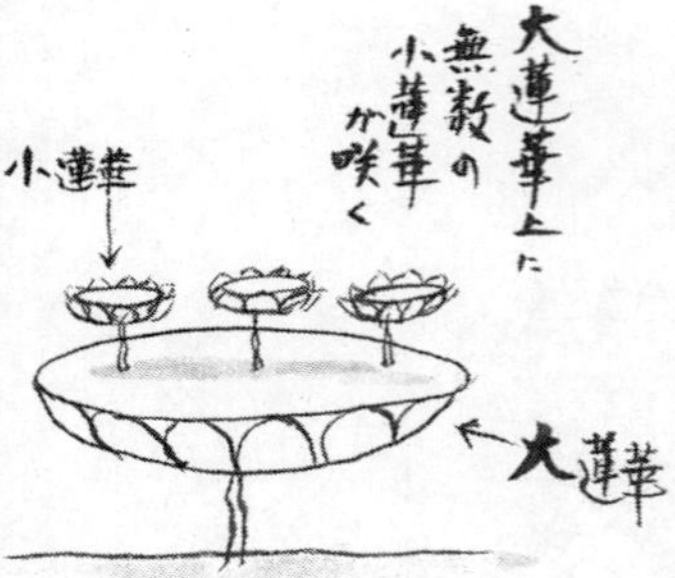

りされているのです。

さてこれを単に図としてみましても、ちょっと一般にはわかりにくいと思います。まず図の中には、蓮弁の上部に仏像が一体大きく彫られていますので、一般にはその仏像の方が先に眼について、その他の部分がいったい何を意味しているのかがわかりにくいと思うのです。

この図の見方は、下から上へとみるのです。それを簡単に説明しましょう。まず大海があります。そこにその海いっぱいになるような、大蓮華が一つ咲いています。ではその蓮華の咲いている底はどうなっているか、つまり海の底はどうなっているのかといいますと、それは金属の層になっている。さらにその金属層の下は、水の層になっており、またその下

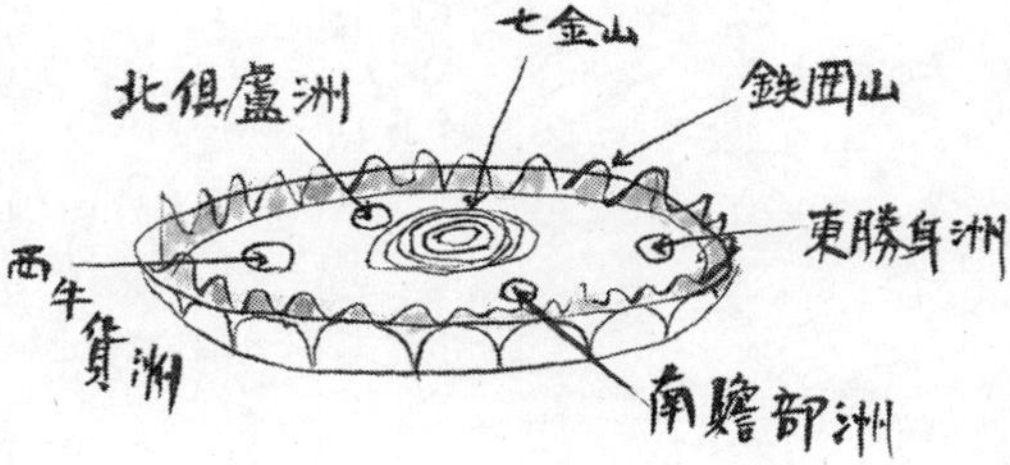

は風の層になり、その下は虚空の層になっているといわれています。

さて、その大蓮華をみますと、その蓮華の上面は、海になっており、そこに小さな蓮華が無数に咲いています。そこでその小蓮華を一つ一つよくみますと、それぞれに大きな島があります。これが須弥《しゅみ》山《せん》です。この須弥山にほとけたちがおられるらしいのです。

そこでこの一つの小蓮華を拡大してみましょう。そうしますと、その各蓮華の上面も、また海になっています。この海の水は塩水です。その海の水がこぼれないように鉄の山で囲んでいます。これを鉄囲《てつい》山《ざん》といいます。またその海には東西南北にそれぞれ大きな島が一つずつあり、その島の周囲にそれぞれ五百ずつの小さな島があります。

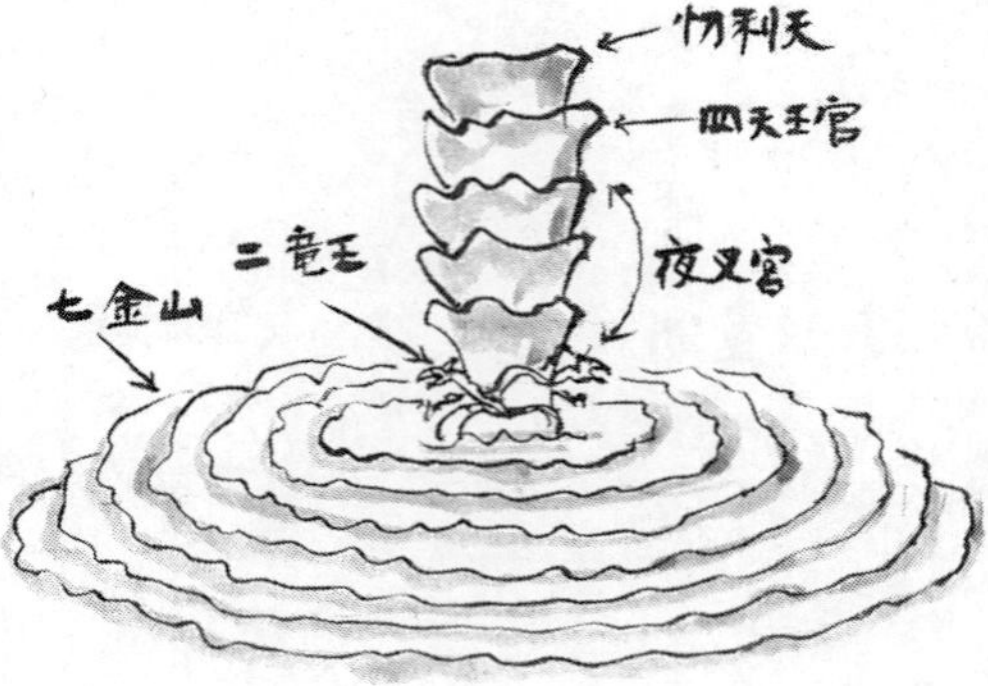

この東西南北にある四つの島のうち、南の島に、われわれ人間や動物が住んでいるということです。

さて、この小蓮華の中心部をみますと、そこに金の山が七重になっています。これを七《しち》金山《きんざん》といいます。金山と金山の間の水は香水です。

この七金山の中心をみますと、そこに最初にみえた須弥山があります。この須弥山にほとけたちがいるということですから、悪魔たちがそこへ攻め寄せてくるかもわかりません。そこでこの須弥山の根元にナンダ、ウパナンダという二匹の龍がからみついて須弥山を守っています。しかも、もし悪魔がこの二匹の龍をのりこえて須弥山に登ってきたとしましても、そう簡単には登れません。つまり須弥

山の根元から三段階までを夜叉宮《やしゃぐう》といい、そこに戦闘員の夜叉神たちが沢山います。さらに四段目のところに四天王宮《してんのうぐう》というのがあって、そこに四天王がおります。東に持国天《じこくてん》、南に増長《ぞうちょう》天、西に広目《こうもく》天、北に多聞《たもん》天の四天王です。そしてこの須弥山の頂上、ここを忉《とう》利《り》天というのですが、ここに梵天《ぼんてん》、帝釈天《たいしゃくてん》をはじめとする三十三天がいます。

では、ほとけたちはどこにいるのかといいますと、その須弥山の上空にいるといわれています。しかも、その上空が二十五段階になっていますので、これを二十五部といいます。その二十五部の中で下から四段目のところが兜率天《とそつてん》で、そこには弥勒《みろく》菩薩が修行しているといわれます。

さて、この二十五部の各一段階ずつをみま

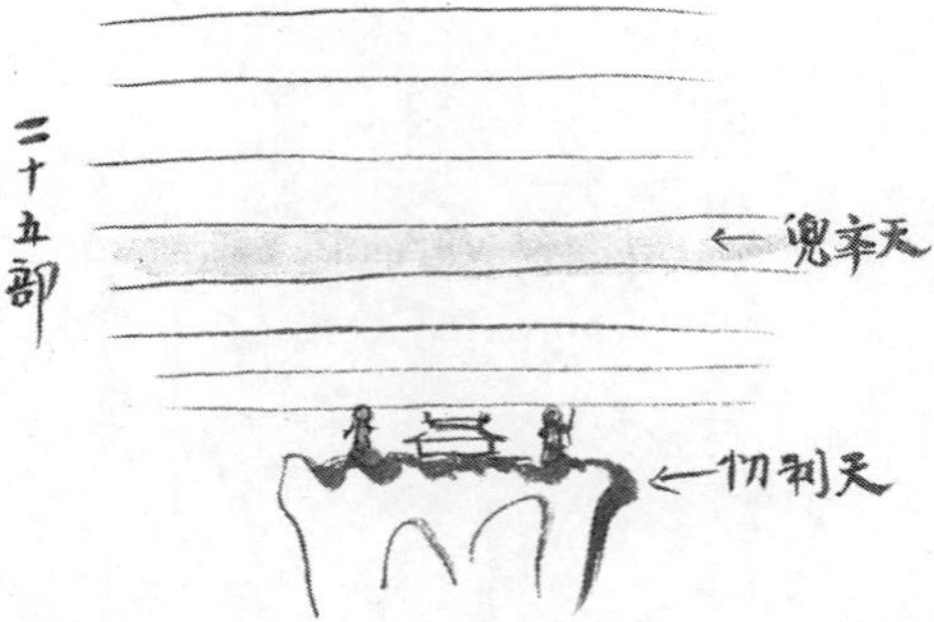

すと、そこに無数のほとけたちがいます。そこで各ほとけの一体々をよくみますと、それぞれのほとけの側に眷属《けんぞく》のほとけたちが沢山いるのです。さらにその一体のほとけをよくみますと、そのほとけには、頭部のところに肉髻《にっけい》というのがありまして、そこに肉髻珠《にっけいしゅ》という赤い珠があります。この肉髻珠から瞬間ごとに化仏《けぶつ》がどんどん発射されているというのです。

さて、これをもう一度くり返しますと、この二十五部の段階に無数のほとけたちがおり、そのほとけたちの周囲に眷属のほとけたちがおり、その主たるほとけの肉髻珠から化仏が無尽蔵に発射されているというのですから、この一つの小蓮華上での出来ごとは、たいへんなことになります。つまり無数のほとけた

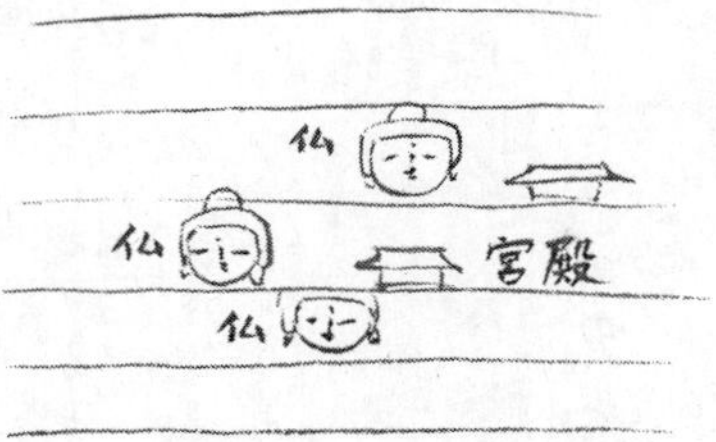

ちから無尽蔵に化仏が発射されているのです。

さてこうなりますと、最初にいった大蓮華の上面はたいへんなことになります。つまり無尽蔵にほとけを生み出している小蓮華が、大蓮華の上面には無数にあるというのですから、これを数字的にいえばどのようなことになるのでしょうか。まず一つの小蓮華を千倍しまして、これを小千世界といい、さらに小千世界を千倍して、これを中千世界といい、さらにその中千世界を千倍して大千世界といいます。これを三千大千世界、また略して、三千世界ともいっているのです。

次にこの三千世界のほとけたちをいったい誰が統一しているのかといいますと、その一切のほとけたちの上空のところで毘盧《びる》舎那《しゃな》如来という一大仏がすべてを統括しているとい

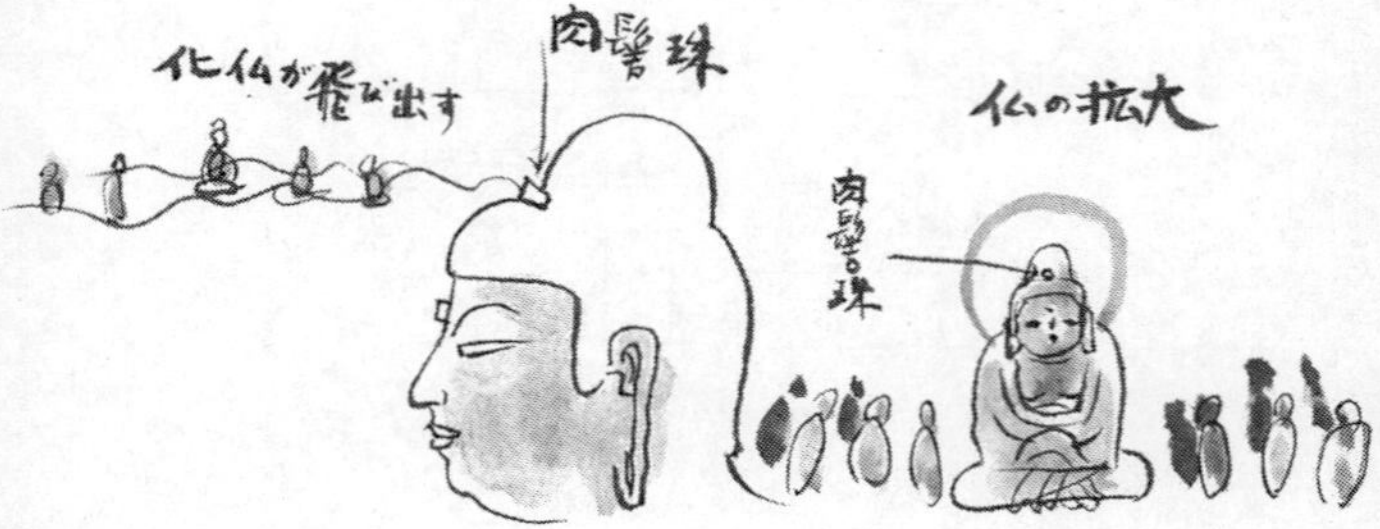

われています。

以上のような説明の仕方が蓮華蔵世界観で、これを立体的に表現したのが、東大寺大仏殿の大仏さまです。

大仏さんは蓮台の上に坐っていますが、その蓮台の蓮弁一枚々々にこの蓮華蔵世界観の様子が線彫りされているのです。そしてさらに大仏のうしろには後背があります。そこに大きな化仏が十六体表現されています。この化仏は、毘盧舎那如来の肉髻珠から発射された大型の化仏で、これを千釈迦といいます。つまり毘盧舎那如来は、千体の釈迦を発射している。そしてその一体々々の釈迦に百億の国をおさめさすというのです。つまり、それだけの偉大な法力をもつ釈迦如来を化仏として全世界に発射しているのです。

わたくしたちが大仏殿に入りますと、まずあの大きなブロンズの大仏像が、眼に入ります。しかしその大仏の坐す蓮台の蓮弁からは、無数のほとけが発射されているのですから、このお堂には化仏が充満しているはずです。そしてその化仏はこのお堂からはみでて、奈良県いっぱいとなり、さらに近畿いっぱいとなり、さらにはそれが日本全土へとひろがっていく。そういう化仏の発信地を考えたのが、聖武天皇ではなかったでしょうか。ですから東大寺は、総国分寺としての国をあげての大工事だったのです。

さて、ここで僧たちが、彫刻家や絵描きたちに、この蓮華蔵世界観の説明をじゅうぶんにした後に、ではこれら沢山のほとけたちの中からこの一体だけを造ってくれと注文した

とします。そうしますと、作家たちは、まずスケールの大きい蓮華蔵世界観のイメージを自分の感覚の中でもえあがらせて、それを一体の像に表現していこうと考えます。
そのときにもっとも大切なことは、まずその像の周囲の環境をじゅうぶんに知ることなのです。
では、一体の像の注文をうけた仏師たちは、周囲の光景をどのように表現しようとしたのでしょうか。

人間の姿にして永遠に祈る

蓮華蔵世界観では、無数のほとけが仏界におり、その全体を統括しているのが毘盧舎那如来だというふうに説かれています。

そういう説明の中で、もしかりに僧が仏師に、ではここにいる沢山のほとけたちの中でどれか一体だけを造形してほしい、と注文したとします。そうしますと、仏師たちは、ただその一体だけをとりあげて、造形するのではなしに、そのほとけの前後左右にどういうほとけがいるか、そしてその周囲の光景はどんなふうになっているのかを表現しなければなりません。それは、一体の像をみて、その像を中心とする全体の光景が想像できるような表現でないと、一尊像の完全な表現とはいえないのです。

このようなことが造形芸術のうえではどの

分野でもっとも大事なことです。たとえば、色紙に梅の一枝を描く場合、その枝はその木のどの部分の枝かが想像される表現、また一輪の花、一枚の葉にもその周囲の光景が感じられるものでなければ、真の芸術作品とはいえません。このように造形上、もっとも大切なことが、仏像の表現には特に必要なのです。それを昔の仏師たちは次のように表現しました。

まず蓮華蔵世界観では、最初に海があって、そこから大きな蓮華が出現して、その蓮華の花がひらくという発想です。この海を小さな泥沼の池とし、その泥沼からのびた一本の蓮華が開花して、中からほとけが忽然と出現するというふうに、仏師たちは考えました。

泥沼といいますと、一般には不浄というふ

光り輝く美しい空
池の周囲に咲く宝相華
その宝相華が水面に映っている

うに聞こえますが、今ここでいう泥沼とはわたくしたちの住むこの汚れた世に尊い釈尊があらわれたというたとえにもなっているのです。

　そもそも泥沼とは、底に泥があり上に水がある状態ですから、これをかきまぜれば不浄で臭いかもしれません。しかし静止して、泥と水の分かれている泥沼は決して不浄なものではありません。泥も清浄、水も清浄です。だからこの世が泥沼のように不浄だというのではなしに、この世も悪の棒でかきまわすと、不浄な状態になりますが、本来は清浄なんだという教えではないかと思います。

　その泥沼から蓮華が咲き出し、そこからほとけが忽然とあらわれてくる。またその池の周囲には、きれいな花が咲いていて、池の面

にも映っている。また、そのほとけの背後に、夕日が射し、夕日に雲が七色にかがやいている。そういう美しい光景を切りとったように仏像のバックとして造っているのが光背《こうはい》です。ですから、仏像の光背は周囲の光景を表現する重要な役柄を果たしているのです。

さて、こういったことを仏像から具体的な表現をみてみましょう。たとえば止利仏師《とりぶっし》の造った法隆寺の有名な釈迦三尊像は、銅像ですが、釈尊の坐っている台に衣がかかっています。これを裳懸座《もかけざ》といいます。この台座は四角い箱を積み重ねているのですが、この箱を須弥座《しゅみざ》といいます。つまり釈尊は須弥山の上に坐っているという状態です。その光景は、蓮華蔵世界観でいう須弥山上空の仏界そのものを釈尊の一尊の姿で表現しているということとです。このようなことがわかりますと、この像の気持ちの大きさ、その作者の制作意図がいかに大きいかが感じられるのです。

また、その両脇の菩薩たちの台座をみますと、造形的には、一本の銅線が蓮華の茎の役目を果たしています。これらのことから考えますと、まずこの三尊像の台座で、いちばん下の框《かまち》の部分は、水面を表現しているということになります。つまり泥沼の水面から蓮華が咲き出して、脇侍の菩薩たちが出現している。こういう光景が、この釈迦三尊像からもみられ、これが大きな蓮華蔵世界観を想像させる表現にもなっているということです。

また、法隆寺には有名な百済《くだら》観音がありま す。これは明治以来、本像を百済からもってきたとか、百済人がきて造ったとかいわれて、

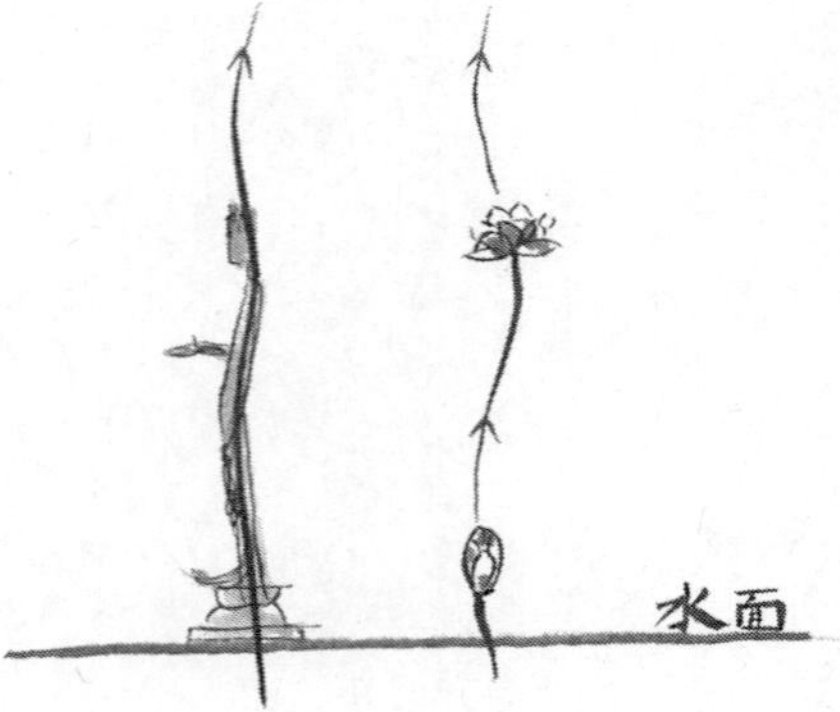

一般には百済観音の名で親しまれていますが、この像の本名は、実は虚空蔵菩薩です。この像の制作当初は右手に宝珠を持ち、左手に水瓶を持っていた姿ですが、現在は右手の宝珠をなくしています。この像は、また、今日でいういわゆる八頭身です。これは頭の頂上から顎《あご》までを一頭身として、これで全身を割りますと、八つに割れます。このスタイルはすらっとしたいいスタイルですが、この像の全体を側面からみますと、ちょうどローマ字のSをひきのばしたような形にみえます。ですから、この像の身体全体からうける感じは蓮池から蓮華が咲き出て、上へ上へとのびていく茎の姿に似ています。つまりこの虚空蔵菩薩は、虚空に向かってえんえんとのびていく、そういう表現になっているのです。

さてわが国では、仏教が伝えられて以来、このように仏界のほとけたちを、それぞれの法力に応じた形で、いろいろの仏像が造られてきているのですが、その中で仏教信者としては、やはり仏教を説かれた釈尊のことをじゅうぶん知っておかなければなりません。そういうことで、仏伝の像や絵画も多く造られています。

その中で有名なのが法隆寺の五重塔の北側に安置されている釈迦涅槃《ねはん》像です。これは釈尊が涅槃に入っていく場面ですが、釈尊との最後の別れを悲しむ羅漢たちの姿が塑像《そぞう》で造られています。

さてこの羅漢たちのことを考えますと、彼らは、それぞれ三百人から五百人、多い人では千五百人もの弟子をもっているという一種

釈尊の涅槃
羅漢たちを初めとする
五十二種一切の
生物が泣いている

の教団の教祖格の人たちばかりです。彼らは日頃、自分の弟子や信者たちの嘆きや悲しみを慰めることのできる人たちですが、その羅漢たちも、いざ釈尊が亡くなるということになりますと、やはり悲しいものは悲しい。だから恥も外聞もなしに別れを悲しんでいるのです。その様子が迫真的な写実につくられています。また釈尊の側にいる普賢・文殊の両菩薩像は、じっと静かな表情で釈尊の涅槃を見守っています。この場面をみておりますと、どんな教えの上で、人間の死が説明されても、実際に自分が恋い慕っている人との別れは悲しいのだということを、仏伝の涅槃の場面で表現していると思うのです。ですからこれらの作品は、仏伝を語っていると同時に、誰もが遭遇せねばならない死別の悲しさをわたく

したちに教えてくれているのでしょう。

また、仏像の中には、天部類があります。如来・菩薩・明王・天部という四種の中の天部ですが、これは如来・菩薩・明王を守護する神々です。その天部たちの表現をみますと、奈良時代とそれ以後とでは、表現のしかたが違っています。たとえば平安以後の像になりますと、守護神だからということで、悪魔たちを睨みつけている恐ろしい表情になっています。

たとえば京都の三十三間堂の二十八部衆の中に阿修羅像がありますが、この阿修羅はもとは悪神でした。釈尊に仏教を弘められると、悪魔たちの出場所がなくなります。そこで仏教に邪魔をしようとします。彼らは釈尊の法話を乱そうと、聞法《もんぼう》者の中にまぎれ込んで話

を聞いているのですが、そのうち釈尊の話に聞きほれて、だんだんと仏教信者になっていきます。ところが他の悪魔たちが、話の頃合いを見計らって、邪魔をしようとします。これを知った阿修羅は突如として、「うるさい、黙れ、出ていけ」と、ほかの悪魔たちを威圧します。こうして釈尊を守る立場に変わっていくのですが、このときの阿修羅は、恐ろしい形相です。京都・三十三間堂の千手観音を守る二十八部衆の中にいる阿修羅像の表現は、この恐ろしい姿になっているのです。

ところが奈良時代の阿修羅は、あの有名な興福寺の阿修羅像をみましても、そういう恐ろしさや闘争心は表現しておりません。そこにあるものはあくまでも仏法を聴くよろこびです。釈尊のお話を聞く子どものように、心

からよろこびながら聴いている姿です。ですから悪魔と戦う力強さや筋肉的な表現は一切ありません。しかし、本当は大人ですから、成人の人体を表現しながら、戦う力の表現、つまり力こぶなどはすべてありませんのでこの像の腕はひじょうに細く長いようにみえます。また顔にも、やさしい少年のようなういういしさがあります。これがいわば奈良時代までの仏像の表現で、これこそ仏法を聴くよろこびの表現になっているのです。

ですから法隆寺の五重塔の涅槃像は、人と人の別れの悲しさを表現し、興福寺の阿修羅は、仏法を聴くよろこびを表現しているというように、奈良時代までは文学的な、スケールの大きい表現になっております。

また、同じ天部の中でも、四天王・十二神

将・仁王といったものがありますが、四天王は、東西南北それぞれに位置して、与えられた方向を防衛しています。たとえば東方を守るのは持国天です。彼は、東の方から攻めてくる敵に対して、いつ攻めてくるかはわからないが、それに備えて、じっと遠くを見渡して警戒しているという目付きです。たとえば東大寺の戒壇院の四天王などは、広くて遠い視線をもっています。しかし、もし悪魔が地面を這い寄ってきて、眼の前でぱっととび出したらどうするか。そういうときには即刻悪魔を押さえつけなければなりません。つまり視線を手前におくことになります。そういう睨みつけるという表現が平安朝に入ってからのものにみられます。たとえば京都の東寺講堂の四天王などですが、これは近くを睨んでいます。

これらのことをたとえでいいますと、わたくしはいつも健康でありたいと願っています、いつ病気するかわからないから、まず食べ物にも気をつけ、いつも総合保健薬を飲んでいます、というふうな考え方の表現が、奈良時代までにみられる天部たちの防衛の仕方です。しかし、健康に用心していたが、油断して、頭痛や腹痛が起こった場合はどうするか。そのときは頭痛や腹痛の薬を飲む、というように、難儀なものに直面したときの防衛の仕方が平安以後の表現になっているということです。

また、ほとけの姿を人間の姿で表現する、いわゆる人格化表現を考えてみますと、そもそも仏像が造られ出したのは、紀元一世紀の

仏像は呼吸している
鎖骨の位置で吸気の表現
腹部で呼気の表現

中頃で、それから日本に仏教が入ってきたのは、六世紀です。ですからそれまで約五百年ほどの間、インドでも仏像を造り、中国、朝鮮半島でも、沢山の仏像が造られています。そして日本へ来たときには、もうすでに人体表現は、ある意味では誇張されたものになっていました。先ほどの百済観音のように、八頭身にまでひきのばして、からだ全体を蓮華の茎のような表現にしたというように、人体にまで誇張表現が行なわれているのです。つまり人体をひきのばすとか、またすこしずんぐりしたものにするとかして、いわゆる健全なプロポーションとは少しずれたものになってしまったのです。そういう人体の表現に対して、健全なプロポーションであってほしいという思いが、こんどは拝む側の憧れとして起こってきました。

日本では飛鳥時代の仏像は、ある意味ではデフォルメされ、いわゆる誇張した人体であったのですが、次の白鳳になりますと、たとえば法隆寺の夢違《ゆめちがい》観音とか、薬師寺の聖《しょう》観音とか、また薬師寺本尊の薬師如来といった像のように、健全な姿を目差すようになります。そしてさらに理想的な姿として、豊満な肉体をもった、われわれの願いごとをおおらかにきき入れてくれるような、そういうほとけさまの姿というものを求めていくようになります。

また、仏像は、木や石の素材によって造られるものですが、それが、実際に生きているほとけ、呼吸しているほとけとして感じられるような表現になっていくのです。そういう

完成された表現の代表として、奈良・聖林寺《しょうりんじ》の十一面観音立像《りゅうぞう》があります。

このように奈良時代までの仏像の表現は、だんだんと日本人に理解しやすい像に変化していくのです。

さて、蓮華蔵世界観では、仏界におられる無数のほとけたちを統括しているほとけがいる。これが毘盧舎那如来であるということでした。ところがこの毘盧舎那如来について、平安時代に入ってきた密教では、それは間違っているというのです。つまり、毘盧舎那如来というものが独立に存在して全体を統括しているというのではないというふうに、これまでの仏界の考え方が変わってくるのです。

では密教でいう仏界とはどういうものなのでしょうか。

ほとけには形と働きがある

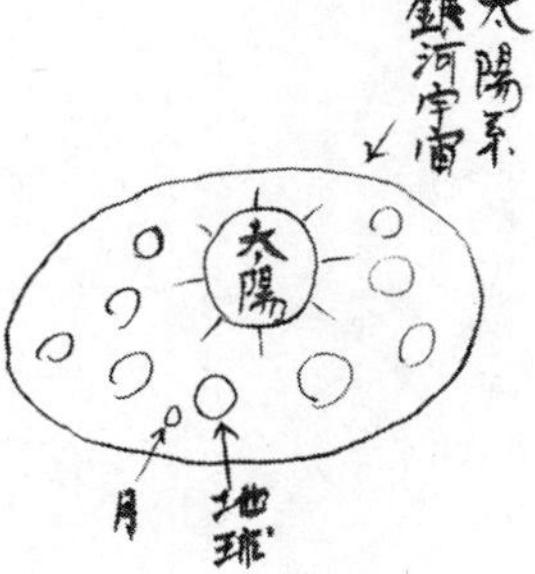

今から三十年ほど前だったと思います。テレビかラジオで、わたくしは宇宙について、おもしろい話を聞きました。それは、わたくしたちのいるこの銀河系宇宙は、太陽を中心としたスケールの大きいものですが、そのときの話では、このような銀河系宇宙のような宇宙がほかにも沢山ある。それがどれくらいの数かというと、四十八あるというのです。しかも、その四十八の宇宙がひとつのかたまりのようになって、左から右の方向に移動しているのだということを聞いて、たいへん驚きました。

その大きさにも驚いたのですが、それ以上に驚いたのは四十八という数字でした。それは、阿弥陀如来の四十八願のことですが、わたくしが、かねてから不思議に思っていまし

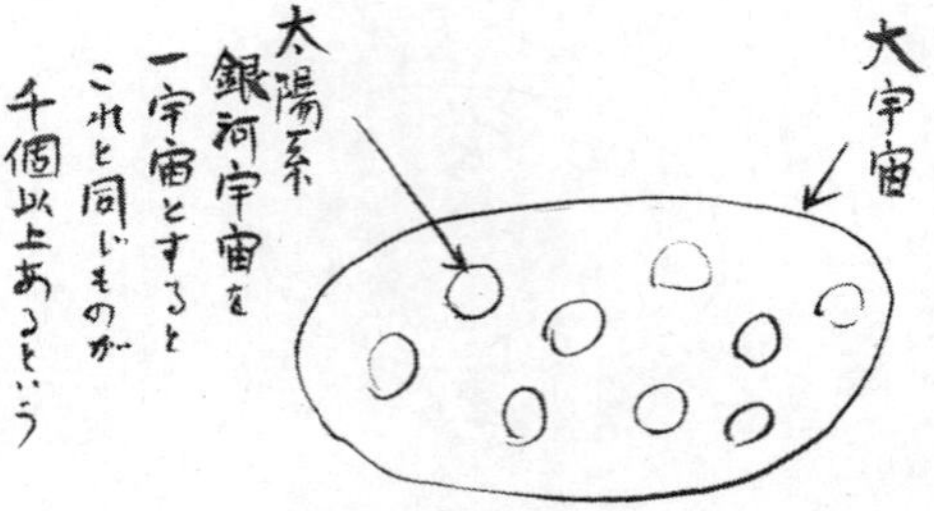
大宇宙
太陽系
銀河宇宙を
一宇宙とすると
これと同じものが
千個以上あるという

たことは、阿弥陀如来の本願は、特に四十八に限らなくともよかったのではないか。五十願でも百願でもよいのに、なぜ四十八願なのかです。ところがそれが、宇宙の数と同じであったことにあらためて驚いたのです。

その後数年前に、わたくしが密教関係の本を書くことになりましたので、この数字を確かめたいと思い、出版社を通じて天文学の先生に確かめてもらったところ、それがなんと、今日では千個以上もあるということがわかったとのことでした。四十八でも驚いていたのに、千個以上の銀河系宇宙のようなものが、ひとかたまりになって、大移動している、これが大宇宙の姿だと聞かされました。

さて、ここでもう一度蓮華蔵世界観をふりかえってみますと、仏界には無数のほとけた

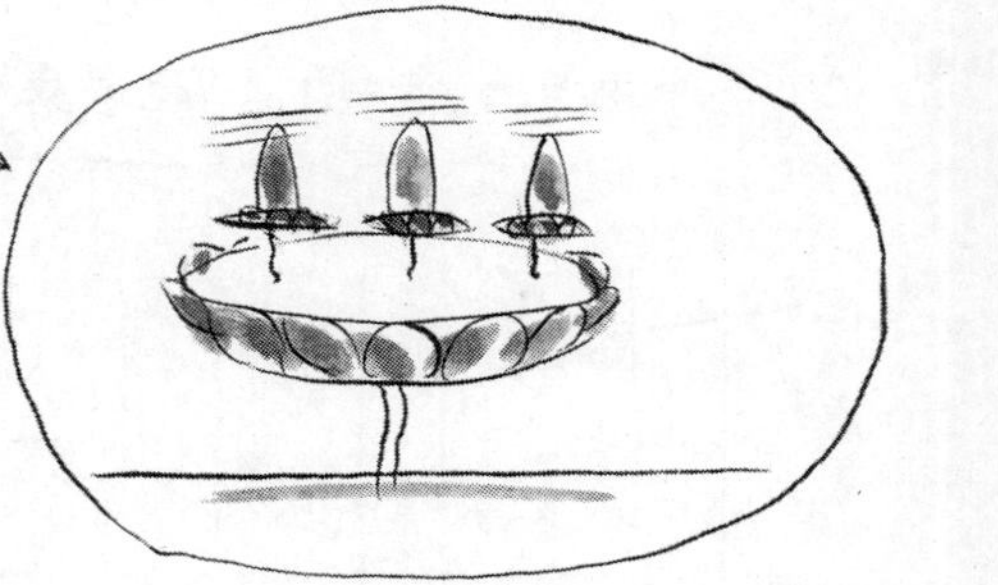

ちがいて、そのほとけたちを統括しているのが毘盧舎那如来だということでした。

ところが、密教的な見方では仏界には、無数のほとけたちがいる。そのほとけたちをそのままひとかたまりのほとけ、つまり一体のほとけとして仏名をつけたのが毘盧舎那如来である。だから蓮華蔵世界観でいうような、毘盧舎那如来というほとけが別個にいるのではないというのです。

わたくしたちのいるこの銀河系宇宙は、今日の天文学者のいう大宇宙にくらべれば、それは一部の小宇宙です。その小宇宙の中にはいろいろの星があって、そしてその星には、それぞれに異なった形があり、異なった働きがあります。

たとえば、このわたくしたちのいる銀河系

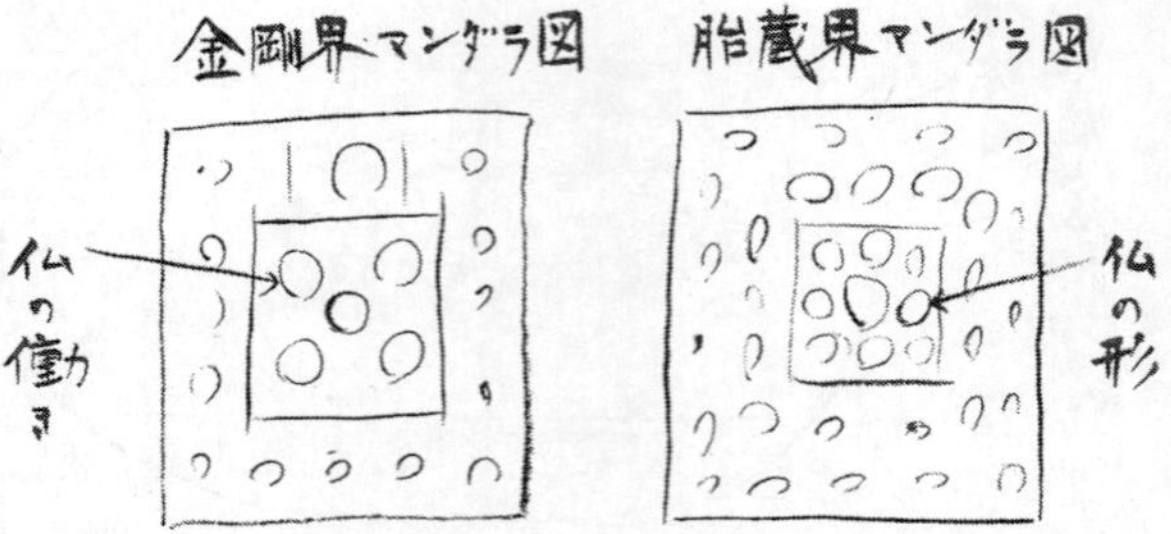

宇宙には、地球とか、金星とか、火星など、それらはみなそれぞれに異なった形と働きをもっています。こういう星たちを密教的にいいますと、その個々の星に仏名をつけ、さらに、その星で構成されている小宇宙にも、大きな一仏として仏名がつけられ、さらに千個以上の小宇宙で構成されている大宇宙が毘盧舎那如来という大仏だといっているのです。

この一大仏を形と働きの二つに分類して、それを図にしたのが、密教の両界曼荼羅です。形だけを図にしたのが胎蔵界の曼荼羅、働きだけを図にしたのが金剛界の曼荼羅です。

ですから、この両界曼荼羅を合体させて、それを一体のほとけとみたときに、それが毘盧舎那如来だというのが、密教のもっともいいたいところです。そして胎蔵界の全体を一

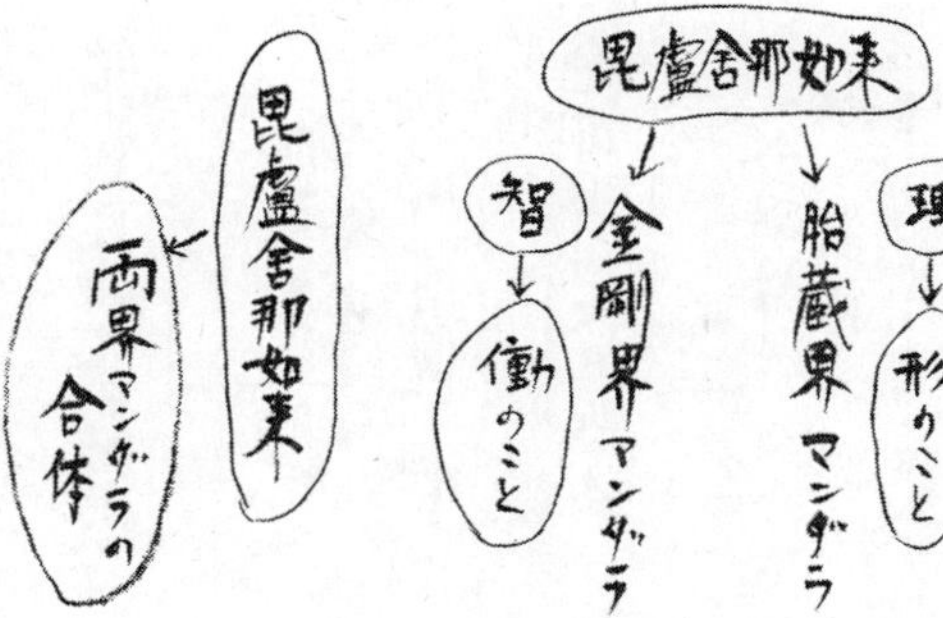

仏の名前でいうときは、胎蔵界の大日如来、金剛界の場合は、金剛界の大日如来という。つまり、大宇宙全体が毘盧舎那如来で、それを形の部分と働きの部分に分けて、それぞれの曼荼羅にあらわしているのです。

　ですから何度もいいますが、この両界の大日如来、つまり胎蔵界の大日如来と金剛界の大日如来を合体したものが毘盧舎那如来であるということになります。

　これは一般によくいわれることですが、仏界でもっとも偉いほとけは何か、と。つまりほとけの世界で、どのほとけさまがいちばん偉いのかという問いです。そのときに、それは大日如来だ、と。では大日如来のつぎに偉いほとけは何か、ということになって、一番、二番、三番というふうにして真ん中に偉いほ

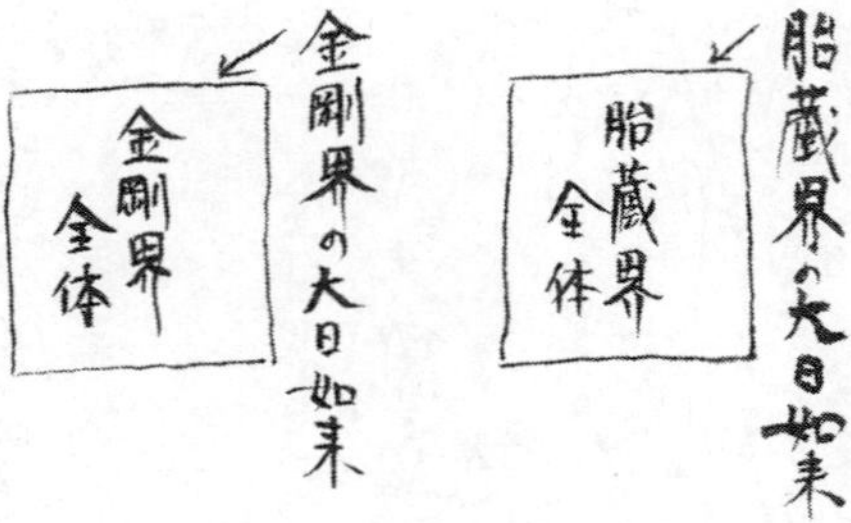

とけを描いて、だんだんと四方にひろがっていって、いちばん外側の、たとえば胎蔵界の曼荼羅でいえば、外周に描いてあるのが外道の神々ですが、このようにして、ほとけの序列が図になっているのだというい方をする人があります。

これはたいへんなまちがいであって、ほとけの世界ではどれが偉い、どれが偉くないという区別は全くないのです。つまり全体が大日如来なのです。その大日如来の変身しているのが、その画面中に描かれているほとけたちです。たとえば、胎蔵界の大日如来をかりにわたくし（西村）とします。わたくしの身体を構成しているものがあります。骨・皮・胃・肺・心臓・手・足・指・爪などいろいろのもので構成されていますが、それらの構成

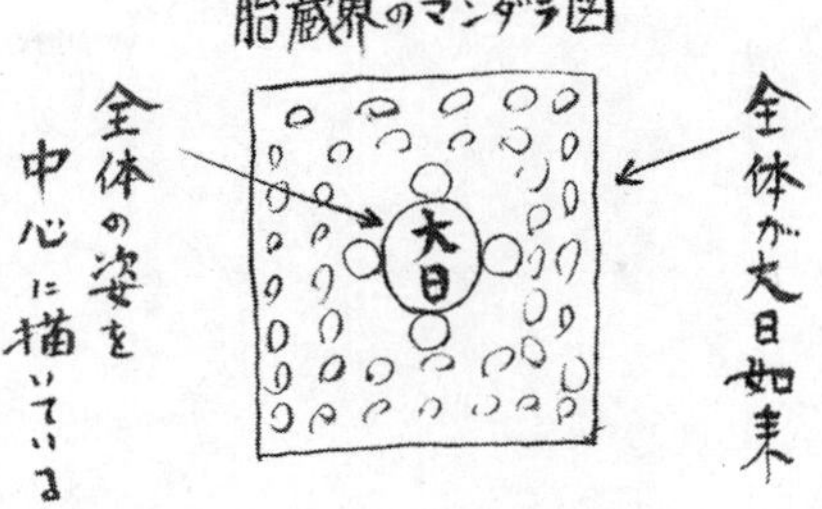

物で、どれが偉いか、どれが偉くないか、またどれが大切で、どれが不要なものであるか。そんなことは、序列的に決められるものではないのです。皆、わたくしにとっては大切なものなのです。

ですから図でいいますと、大日如来が中心に描かれていますが、それは一番に偉いというのではなく、全体が大日如来ですから、その大日如来の全体の姿を中心に表現しているというだけにすぎないのです。

たとえば薬局に行きますと、薬局にはいろいろな薬があります。そこにある薬の名前だけを、棚を整理しながら書いたとすれば、それが胎蔵界の曼荼羅図になります。次に、その薬の効能書きをずっと書き出しますと、それは金剛界の曼荼羅図ということになります。

そしてその薬局全体の名前をほとけの名前でいえば、それが毘盧舎那如来になります。

また、その毘盧舎那如来をいま一体のほとけとして、それがどういう法力をもち、どういう功徳があるかということもよくいわれます。それは大宇宙の全体の姿ではありますが、それをいま一体のほとけとしてみたとき、どんな法力・功徳があるかということです。

それには「理」「智」という二つの功徳がある。「理」というのは、一見、真理の理のようにもみえますが、これは物理的な理です。物理的なもの、すなわち、形のことです。「智」は智慧で、精神的なもの、働きのことです。つまり毘盧舎那如来には、形と働きがある。つまりこれを一体のほとけとみますと、ほとけには形と働きがある。これを逆にひっくりかえしますと、形と働きがあるのがほとけだということにもなるのです。

たとえば、山には、山という形と、山の働きがあります。しかしわたくしたちは、形はみえますが、働きはみえません。

たとえば人間には形と働きがあります。しかし、人間の年齢とか、顔かたちとか、姿とかいうものはわれわれにはみえますが、その人のもっている本当の働き、才能や頭脳、技術、そういったものは、その人の人体だけをみていてもわかりません。働きはみえないのです。たとえばわたくしが街を歩いておりますと、一般の人はわたくしを一老人としてみているでしょう。でもわたくしの教え子に会いますと、彼らはわたくしを先生と呼んでくれます。この一老人とみえるのがわたくしの

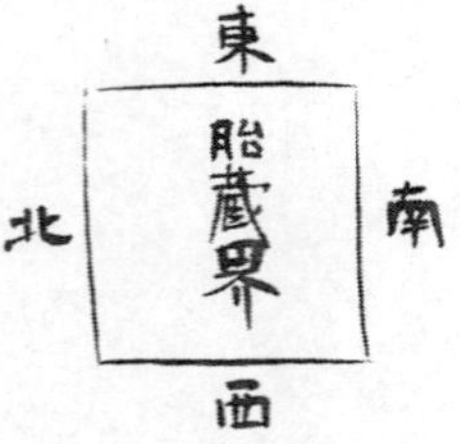

理（形）で、先生とみえるのがわたくしの智（働き）ということです。

またこれを、人間のからだにたとえてみますと、わたくしには形という肉体があります。またわたくしの働きはすべてわたくしの神経系統で働いています。そういう意味でわたくしは、わたくしのからだと神経系統の二つで構成されています。これを医学的に、肉体と神経系統の二つの標本図として作るということはできるでしょう。しかし現実には、わたくしの肉体と神経系統は切り離すことはできません。そのように密教では、金剛界と胎蔵界の二つがあるのではありません。両界は、一体であって、金胎不二だというのです。

ところが、この一体と考える大宇宙は、そのままじっと静止しているのかというと、そ

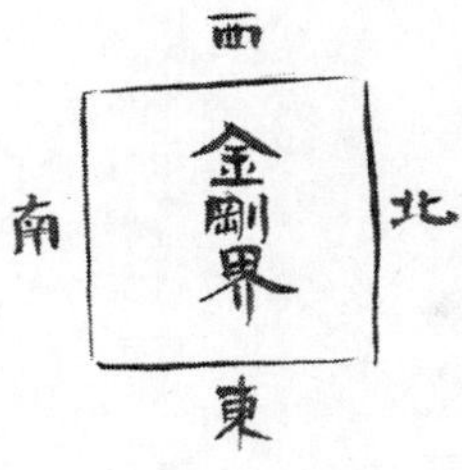

うではありません。大宇宙として大移動をしているのです。その大移動の大きなエネルギーは自家発電をしているのです。その自家発電のしかたが、この両界曼荼羅の図にみられます。

胎蔵界の方は、図面でいいますと、上が東、下が西になっています。そして向かって右側が南、左側が北です。金剛界の方は、上が西で、下が東。そして向かって右側が北で、左側が南になっています。

ですからこの二図を重ねますと、縦軸は東と西が反対ですから、両者が合体しようとたがいに回転します。しかし、横軸では最初は、南と南が遇っていたのですが、縦軸が回転すると、この北と南が反対となります。そうしますと、横軸の北と南は合体しようとして横軸が一回転します。

ところが横軸が一回転しますと、こんどは縦軸の方が、また東西が離れてしまいます。そうしますと、また縦の方が一回転したいと思います。このようにして、縦横がたがいに磁力のように回転しますので、この両界は目まぐるしいスピードで回転していることになります。

このように、胎蔵界と金剛界の二つの世界がたがいに回転し、自家発電しながら、大きなエネルギーとなって大宇宙のように大移動しているともいえるのです。

これはたとえば、ジェット機とそれに乗っているお客さんのような関係だと思います。ジェット機はすごい爆音をたてて、たいへんなスピードで飛んでいます。しかしその中の乗客は、まったく自身が静止して、動かない状態で飛行機に乗っています。それと同じようにわたくしたちは、大宇宙の宇宙船に乗っていて、その宇宙船そのものが、たいへんなエネルギーで移動しています。その中にいるわれわれ乗客は各自がそれぞれ異なった職業をもち、働きをもち、技能をもっています。そういう人たちが、その大宇宙船に乗っている。

こういう状態がこの両界曼荼羅のほとけたちだと思えばいいかと思います。

そして、その大宇宙船に乗っている各ほとけたちは、それぞれに座席が決まっています。ですから方位があります。そのほとけたちはそれぞれに異なった功徳と法力をもっています。それを誰がみてもわかりやすい図面にし

たのが両界曼荼羅図であり、そこにいるほとけたちを形で表現したのが密教仏の姿なのです。

ではそのほとけたちは、それぞれがもつ方位・功徳・法力などをどのような形で表現しているのでしょうか。

一目でわかる密教仏の法力

仏像はほとけの姿を形としたものです。それは人格化表現されていますので、誰にでもわかりやすいと思います。

たとえば東大寺の大仏さんとか薬師寺の薬師如来像をみますと、その像からほとけの偉大さやおおらかさといった、ほとけのこころを感ずることができます。

また仏像は釈尊がモデルになっていますので、仏像の姿から釈尊のこころを理解することもできます。

また、仏教について何も知らない人や、経典をいちどもみたことのない人、また仏教の話をお寺で聞いたことのない人たちでも、たとえば中宮寺の如意輪観音とか、広隆寺の弥勒菩薩のようなやさしい像をしずかにみていますと、そこから仏教の本質というものがわかるような気がいたします。

これはキリスト教の信者であっても、その他の異教の人たちであっても、その像から受ける感情は同じだろうと思います。ところが密教仏の、たとえば十一面観音とか千手観音のような異様な形のものは、わかりにくいと思います。

つまり仏像そのものは人間の姿で、表現されていますので、やはり一つの頭、二つの眼、二本の手というのが、わたくしたちには理解しやすいのです。それなのにいろいろの顔がいくつもあり、手が何本もあるようなものは、ある意味では、化け物のようで、これはたとえ仏教信者といっても、理解しにくいと思います。

この密教が日本へ入ってくるまでの、いわ

ゆる奈良時代以前の仏像は、ほとけのこころや仏教の真髄、つまり慈悲というものをあらわしていました。

密教仏ももちろんほとけのこころはじゅうぶんあらわそうとしているのですが、そのほかに、仏教信者に対してその法力《ほうりき》を一目みただけでわかるように造っているのです。

たとえば、不動明王の場合ですと、右手に剣を持ち、左手に索を持っています。この剣は魔ものを降伏するものになり、また自分のこころに起きる悪を断ち切るものにもなります。また左手の索は、悪魔を縛りつけるものになり、また水に溺れている衆生を救いあげる投げ縄にもなります。このように不動明王は、剣と索で法力を示しています。

また、地蔵菩薩の場合は、右手に錫杖、左

手に宝珠を持っています。この錫杖は道を歩くときは、悪い虫や毒蛇をさける道具になりますし、またその錫杖によって、自分が歩くときに、土の上にいる小さな虫が逃げ出すので殺生しないですむ、そういう役にもなっています。そして左手の宝珠は、無尽蔵にある宝ものを衆生に与えようというやさしい心を示しています。

　このように密教仏の場合は、それぞれの持《じ》物《もつ》によって、そのほとけの法力を示しているのです。

　では一尊に、顔がいくつもあり、手が何本もある像は、何を表現しようとしているのでしょうか。たとえばわたくしに、「あなたはどのような特技がありますか」といわれた場合「わたしは彫刻家です」といって、左手に

ノミを持ち右手にゲンノウを持って写真をとってもらいます。また次に「他にもなにか特技がありますか」といわれて「はい、わたしは絵も描きます」と、左手に色紙を持ち、右手に筆を持って写真をとってもらいます。そして「あなたの職業は何ですか」といわれて「はい、わたしは僧侶でございます」といって、合掌した姿を写真にしてもらいます。この三枚の写真を順番にみせますと、わたくしの特技、職業がわかります。

ところがこれを、もっと簡単に一目でわかるようにするには、その三枚のネガを重ねて、同時に焼き付ければよいのです。そこにはからだは一体ですが手は六本になり、それぞれの持物を持つことになります。このような表現のしかたが、密教仏の特徴になっているのです。

たとえば千手観音には、四十二本の手を持つ像と、実際に千本の手を持つ像との二種類があります。これは功徳の点でどのようにちがうかといいますと、四十二本の像は、現世のご利益、そして、千本の像は、三世のご利益、つまり過去・現在・未来の三世を通してのご利益があるといわれています。

では四十二本で、なぜ千手観音というかといいますと、合掌している二本の手は基本として計算に入れず、他の四十本を働きの手とします。そしてその四十本の各一本々々には、二十五の功徳があるということから、四十に二十五を掛けますと千になりますので、千手観音というのです。

さて京都の三十三間堂の千手観音は、現世

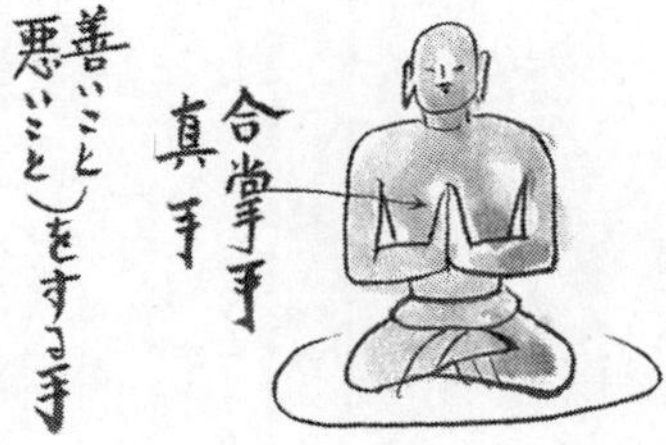

の四十二本像です。それが千一体祀られていますので、今拝む瞬間々々に、千一倍のご利益が授かるということです。また奈良の唐招提寺の金堂《こんどう》に祀られています千手観音は、千本像ですから過去・現在・未来の三世にまたがってのご利益があるということになります。

さて千手観音の胸前で合掌している手は、真手《しんしゅ》と申しますが、わたくしたちはこの二本の手でいろいろのことをしています。よいこともすれば悪いこともします。つまりこの二本の手が基本になって、いろいろの働きをしていますので、その働きを持物で表現しているのです。ですから左の手に弓を持ち、右の手に矢を持つというふうに、二本の手が対になって、それぞれの働きを示しているのです。

こういうふうに千手観音をみますと、千と

頭上の化仏は
本面の観音の
命令で
頭上から
飛び出し

いう数字からすれば五百の法力があるということにもなります。ですから千手観音を密教流でいえば五百体のほとけの合体像だともいうことができます。

つまり、密教仏の表現は、たとえば薬でいいますと、どのような薬品が含有されているかということがその薬箱に示されていますし、どのような病気に効くかということも書かれています。その場合に、たとえば頭痛の薬だと思って買って帰ると、実は神経痛にも効く、歯痛にも効くというように、いわゆるいろいろの適応症が表示されています。この適応症の表示をみているようなのが、密教像の特徴になっているのです。

また十一面観音には、頭上に十一の化仏《けぶつ》がついています。これは一見仏頭に首が十一並

んでいるようにみえます。しかし、これは、その観音からとび出していく化仏ですから、その化仏がとび出すときには、全身像でとび出していくのです。ですからその観音の命令を待って化仏がいつでもとび出せるように頭上から首だけ出して下界を見下ろしているのだと思えばわかりやすいと思います。

この十一面観音の化仏をみますと、頂上の中心に如来相があります。またその正面に菩薩相が三面、向かって右側に瞋目《しんもく》相、左側に忿怒《ふんぬ》相がそれぞれ三面ずついます。これは牙を出しておりますので牙出《げしょう》相とも呼ばれています。そして背面に大笑相といって、大きく笑っている化仏が配置されています。また、密教仏には、それぞれの法力をあらわす印相《いんぞう》というものがあります。これは持物をもたな

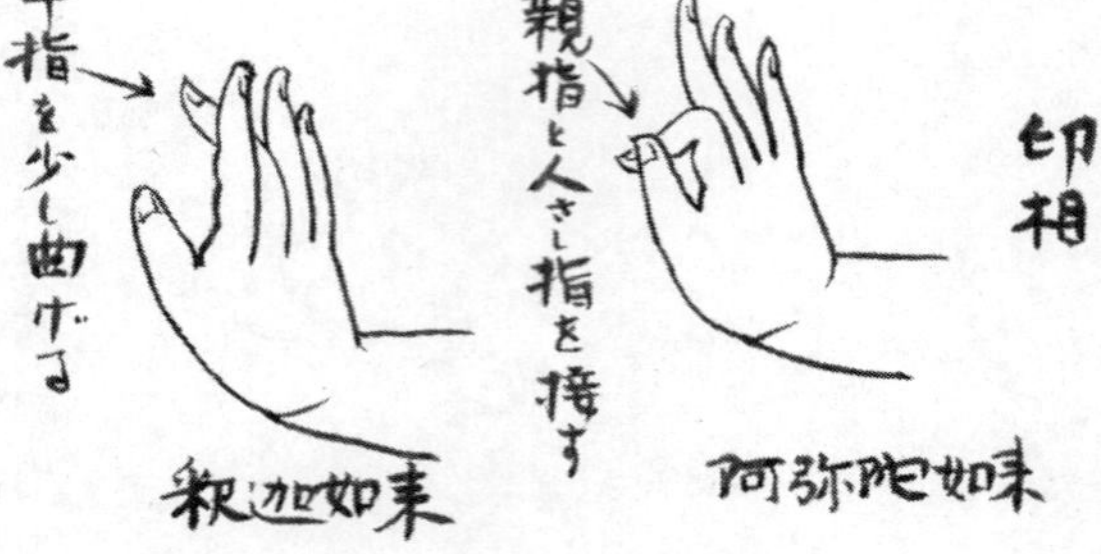

いほとけで、法力を示すのに両手を用いるもので、ちょうど話をするときのゼスチャーのように両手をうごかして、意思を伝えます。つまり印相は手話のようなものです。このほとけの法力をあらわすのに、もっともわかりやすい、持物と印相の二つがあって、それでそのほとけの法力を表現しているのです。ですから仏像を造る場合、この印相とか、持物をまちがえてはいけないのです。特に印相の場合は薬でいいますと、薬品の含有量のようなもので、何が何グラムというふうに含有量の調合をまちがえてはたいへんなことになります。そういう意味では仏像を造る場合にこの印相をまちがわないよう気をつけねばならないのです。

また、仏界にはいろいろなほとけたちがお

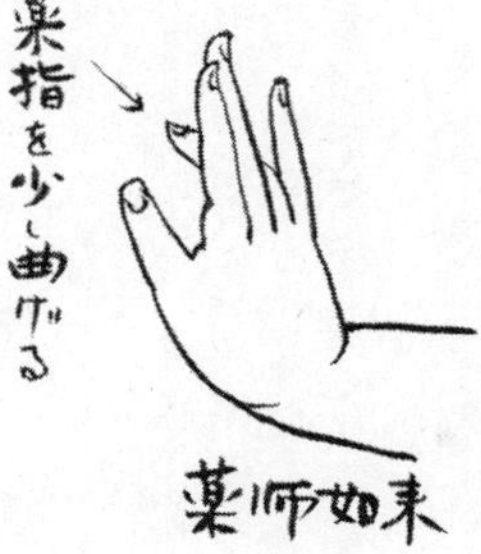

られてそのほとけたちの位置が定められています。どのほとけは東の方、どのほとけは西の方というふうにして位置がきめられていま す。さらに、その方位により位置によって中国の易学でいう四神と同じ色別が仏教の方にもあります。東が青、南が赤、西が白、北が黒、そして中央が黄色か金色というふうに五色になります。こういう色別が、仏界にも同じようにありますので、ほとけたちの肌色が、この五色に色別されているということです。

たとえば四天王の場合、東に持国天、南に増長天、西に広目天、北に多聞天がいて、中心の本尊を守っています。この場合に東の持国天は青色、南の増長天は赤色、西の広目天は白色、北の多聞天は黒色（仏像の場合はこれを緑色または紺青に着色）、そして中心の本尊が金色と、こういうふうなのが基本になっています。また薬師如来を囲み、防衛している十二神将がいます。この十二神将も、色でいえば十二色で色別されています。このように印相とか、持物とか、そして色別とか、こういったいろいろなきまりがあって、これを密教では儀軌《ぎき》といっています。ですからこの儀軌をまちがってはいけないというのが原則です。

こうしてみていきますと、仏界のほとけたちはみなそれぞれに異なった法力をもっております。そこでわたくしたちは自分の悩みに応じて、それを解決し、救ってくれる救済仏に祈りをこめて拝んでいます。つまりわたくしたちは、この世の救済仏として、自分に適したほとけを選び、拝んでいることになるのです。

では来世、つまり死後の世界での救済仏にどのようなほとけたちがおられるのでしょうか。

仏界の色別と四神

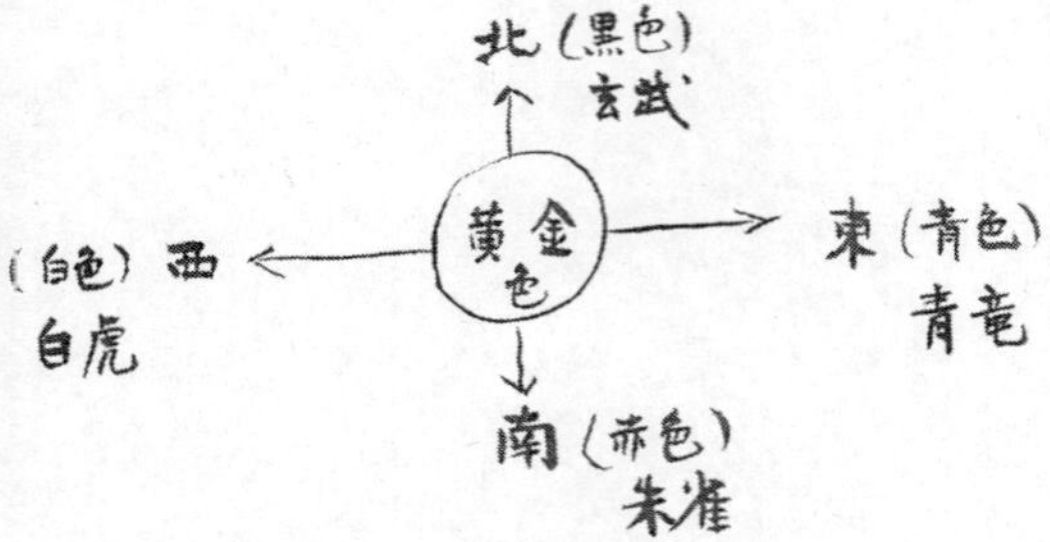

十二方の色別

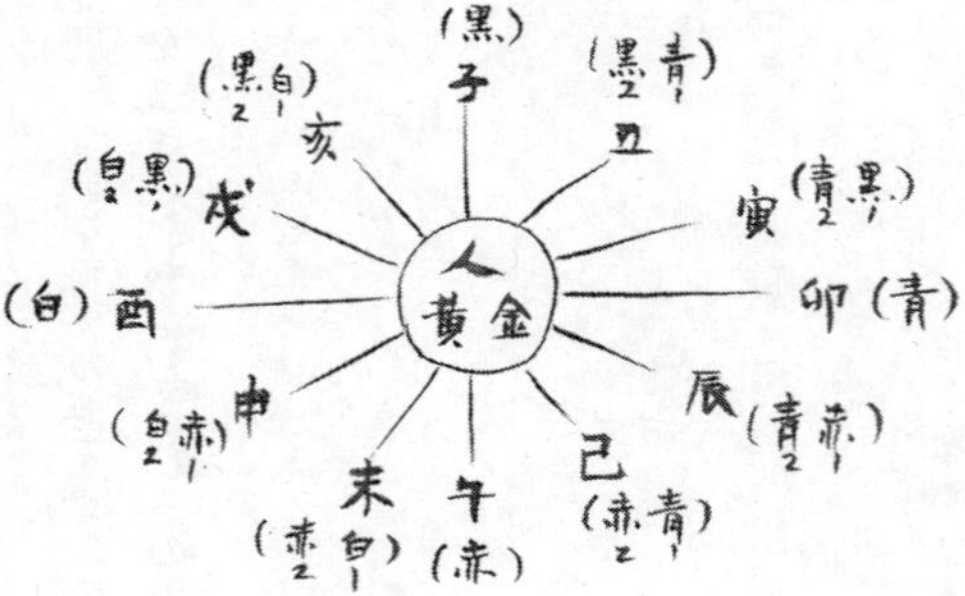

ほとけの世界は全てが浄土

私は
十一面千手
観音である
そうですか
なむ
あみ
だ
ぶつ

わたくしの寺は京都の奥嵯峨にあります。

ここへよくお詣り下さるお婆さんがいますが、このお婆さんはどのほとけさまにも「なむあみだぶつ」といって拝みます。わたくしの寺の本尊は千手観音ですが、その前へ行っても「なむあみだぶつ」、同じ境内にあります地蔵堂へ行っても、「なむあみだぶつ」です。

また、そのお婆さんは、わたくしのお寺へ来るまでに、曲がりくねった道を歩いてくるのですが、わたくしの寺の屋根がみえ出すと、そこから「なむあみだぶつ」と称えています。

わたくしはそのお婆さんに、「ここの本尊は千手観音だから、南無観世音菩薩、お地蔵さまには、南無地蔵尊と拝んだらいいですよ」といったことがあります。するとお婆さんは、「そうですか、なむあみだぶつ」と、

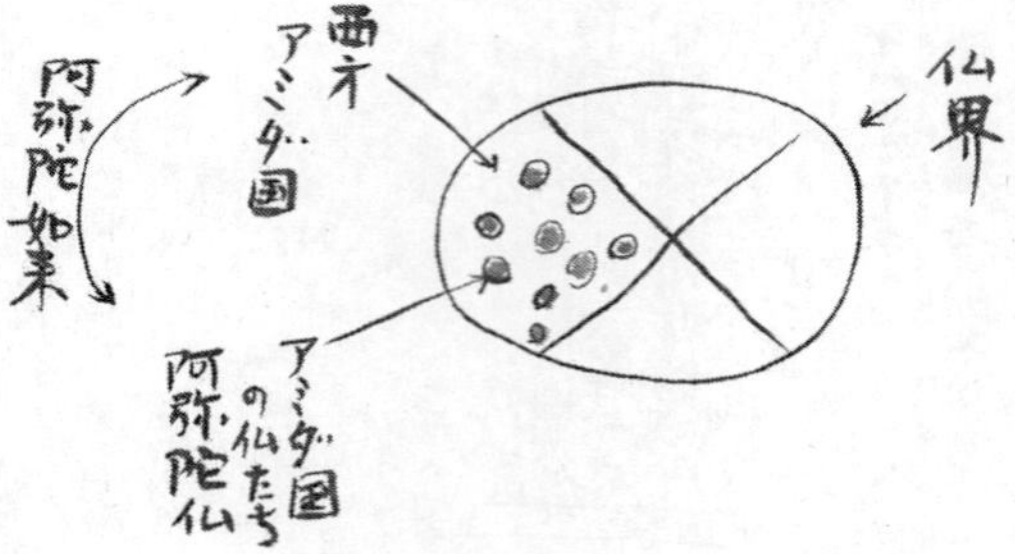

何をいっても、「なむあみだぶつ」です。

浄土教がさかんになってから、阿弥陀如来の信仰が普及して、このお婆さんのように、どのほとけにむかっても「なむあみだぶつ」という、それもいいと思います。

しかしこのほとけには、一般に「アミダさん」と心やすくいっておりますその「アミダ」と、「なむあみだぶつ」というときの「アミダ仏」、また、「アミダ如来」というその三通りのいい方があります。

これを密教流でいいますと、実はこの「アミダ」というのは、西方《さいほう》の世界ということです。つまり仏界の、西の方にある浄土の世界です。その「アミダ」の国に、二十五菩薩、その他いろいろのほとけたちがいます。そのほとけたちをぜんぶひっくるめていう場合に、

「アミダ」の世界にいるほとけたちですから「アミダ仏」です。ですから法然上人や親鸞聖人の「なむあみだぶつ」というのは、いかにも一仏を拝んでいるように聞こえますが、これを密教流にいえば、「アミダ」の世界のぜんぶのほとけを拝んでいるということになります。その「アミダ」の世界のほとけたちを一体のほとけとみたとき、これをアミダ如来といっているのです。

たとえば人間のからだでいいますと、わたくしのからだ全体の形を「アミダ」としますと、そのわたくしのからだを構成している骨や皮、それに胃や肺、腸や血管など、いろいろな構成体があって、それらへそれぞれにほとけの名をつけて、胃のほとけ、肺のほとけ、骨のほとけ、皮のほとけというようにしてみ

わしの国にも
浄土があるよ
とお地蔵さんは
いう

ますと、それが「アミダ仏」で、その各機能を働かして、一人の人間として生きている、つまり西村と名づけられたわたくしといった場合に、そのわたくしはアミダ如来ということになります。

次に浄土教では、西方極楽浄土とよくいわれますので、浄土は西だけのように一般に考えられています。しかし実は、ほとけの世界はそのすべてが浄土なのです。ですから西の方だけに浄土があるのではなしに、東の方にも、南の方にも、北の方にも、浄土があります。薬師如来は、東方の瑠璃光浄土です。

このようにどのほとけもそれぞれに浄土をもっています。ですからたとえば、地蔵菩薩の好きな人は、地蔵菩薩の浄土へ行けばいい、アミダ如来の好きな人は、アミダ如来の浄土

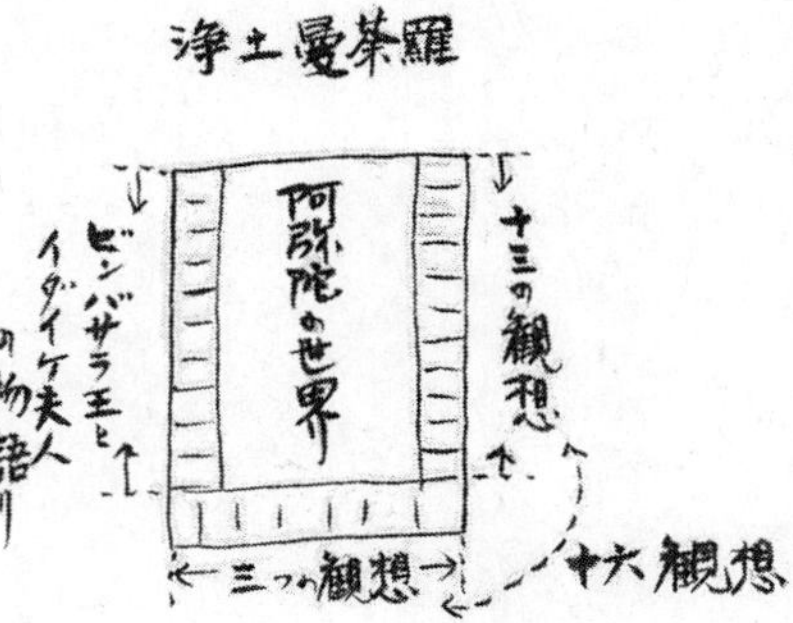

へ行けばよいのです。ですからもし死後の問題で、どこへ行くのがいいのかと迷うなら、自分の好きなほとけの浄土に行けばよいということになります。

ところが、平安朝のはじめごろに浄土教がさかんになって、西方のアミダ浄土への往生をすすめました。そのアミダの浄土を図に示しているのが、浄土曼荼羅図で、有名なものに当麻《たいま》寺《でら》の浄土曼荼羅があります。その浄土曼荼羅は今日のことばでいえば、極楽世界の観光案内図といってもよいでしょう。この世ではみられない美しい光景で、それが図になっているのです。だれも極楽へ行ってみてきたわけではありませんが、死後、そういう美しい場所があるということを図にしています。その浄土曼荼羅をしっかりと眼にやきつけておきますと、亡くなったときに、極楽行きの道案内になり、迷わずにまっすぐ行けると、極楽への往生をすすめているのです。

わたくしたちはだれしも、死後は地獄でなく極楽へ行きたいと願っています。しかし、極楽へ行くためには、いろいろの善行をしておかねばなりません。ですからその反対の恐ろしい地獄の図を示して、地獄へは行かないように、善行をして極楽へ行きなさい、と浄土曼荼羅と地獄草紙のような恐ろしい図を対照にして示しているのです。

われわれは地獄は死後に、悪人の行くところだと思っております。しかし地獄は、決して死後の問題だけのものではありません。たとえば地獄の獄という文字が示すように、けもののような言葉で、犬のようにほえれば直

極楽へ行ける方法を説くお釈迦さん

ちに地獄になります。「こん畜生」といえば、直ぐにけんかになります。このように現世でも、口先だけで殺し合いになる時代です。ですから地獄は、現世の問題でもあるのです。

さて、この浄土曼荼羅のできるまでに、恐ろしい話が現世の教えとして織り込まれています。

有名な話ですが、釈尊の時代に、仏教に帰《き》依《え》したビンバサラ王がおられ、その奥方のイダイケ夫人も、仏教信者でした。この二人の間にアジャセという王子がいます。一方、釈尊の従弟であるダイバダッタは、釈尊の人気を羨む気持ちから、まずスポンサーのようなビンバサラ王を亡ぼしてしまえば仏教もつぶれるだろうと、悪知恵をはたらかせます。そこで息子のアジャセに一つの物語を信じこま

十六観想

一　日想観
二　水想観
三　地想観
四　宝樹観
五　宝池観
六　宝楼観
七　華座観

せるのです。お前のお父さんとお母さんとの間には子どもがなかった。そこで、二人は早く王子がほしいと、仙人に占ってもらったところ、王子として生まれてくる人が現在山の中で修行していて、その人が亡くなると、王子としてここに生まれてくるという予言があったのです。それで、その人物の存在をたしかめたビンバサラ王は、その仙人が死んでしまえば自分の王子が早く生まれると考え、家来に命じて、仙人を殺してしまった。そうして生まれたのが、アジャセ、お前だと、いういい方です。つまり君のお父さんは、実は君にとっては敵《かたき》なんだと信じこませるのです。それを信じたアジャセは、父王を牢屋に入れ、餓死させようとします。しかしイダイケ夫人は胸の瓔珞《ようらく》などに蜂蜜を入れて牢屋に運び、

八　像想観
九　真身観
十　観音観
十一　勢至観
十二　普観想観
十三　雑想観
十四　上輩観
十五　中輩観
十六　下輩観

王にそれをのませていたので王はなかなか死にません。それを知ったアジャセは、母も牢屋に入れて、二人を餓死させようとします。

この二人の嘆きを釈尊は神通力で知り、二人のいる牢獄に入っていき、極楽行きの方法を教えます。それが十六観想という話になるのです。

浄土曼荼羅図をみますと、まず中央に大きく極楽の世界が描かれています。そして、向かって左側に下から上へ、紙芝居の絵のような説明図があります。ダイバダッタがアジャセに告げ口をする場面から始まって、釈尊が二人に極楽行きの伝授をする場面が描かれています。その極楽行きの方法が十六観想で、その順序が向かって右側の上から下に向かって描かれています。それにはまず日想観、し

冥界の十王

っかりと夕日を観て、極楽浄土を観想するというところから始まります。そして次に水想観、地想観というように第十三の雑想観まであります。こうして極楽世界を想像させていくのですが最後に三つの三観があります。

　これは、そういう美しい極楽世界へ行くためには、自分がどれだけこの世で善いことをしたかという善行の数を思い出させる。その数に、上・中・下とあって、極楽へ入っていく入り口がそれぞれにちがうというのです。その入り口は品《ほん》と生《しょう》により区別されています。品とは信仰の深さ、生とは善行の数量のことです。また極楽の世界には、九品《くほん》という九つの世界があるといわれています。その九品とは、上品上生・上品中生・上品下生、中品上生・中品中生・中品下生、下品上生・下品中

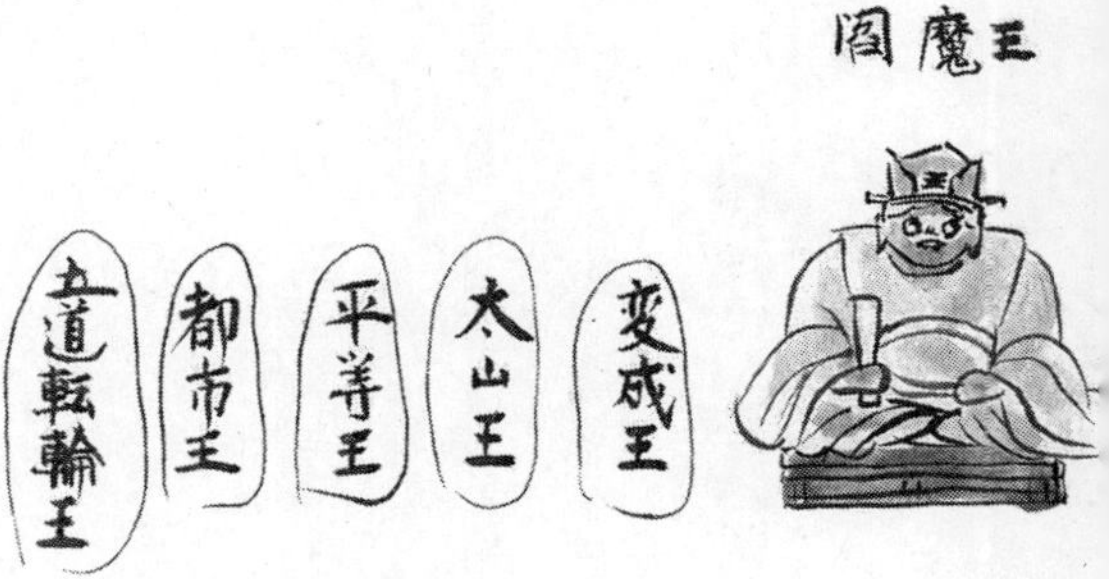

生・下品下生です。この極楽へ入っていく入り口は、たとえば極楽を極楽劇場として考えるとわかりいいかと思います。そこでは自分の善根の多少によって、座席が異なっています。つまり一等、二等、三等、立見席というように思えばいいのです。

しかし、どの座席に坐っても、同じ舞台をみることができるわけで、極楽世界の美しさをみることには変わりはないのです。いい座席でみるとみやすいし、下等の座席では疲れるということはあるでしょうが。

わたくしの知りあいで、もう亡くなられましたが、この方は浄土教の信者でした。ところがその奥さんは、新興宗教の信者になり、長男はキリスト教信者ということで、夫婦、子どもが、信仰では、相入れない問題が生じていました。その方がいわれるのには、「自分は浄土教で葬ってほしいけれども、だれがどんな方法で葬ってくれるのだろうかと心配です。こんなときどうしたらよいでしょうか」と相談をうけたことがありました。それに対して、わたくしも実はどうしていいのかわかりませんが、わたくしは次のように答えました。「あなた自身は浄土教で、なむあみだぶつを信仰してきたのですから、あなたはあとのことを心配せずに、死ぬときにはなむあみだぶつといって死んでいきなさい。すると、ここはキリスト教の入り口、ここは何教の入り口と、それぞれに入り口があるでしょうが、どこからあなたは入れてもらっても、中では同じ舞台がみられるではありませんか。そして劇場案内の女性が、あなたの善根の数をみて、いい席へつれていってくれるかもわかりません。だからあとの葬り方は心配せずに、一つでもよけいにいいことをしておいたらどうでしょうか」と。

一方、この極楽に行くためには、悪いことをしてはいけないという戒めが、逆に地獄の光景の恐ろしさを説くことにもなっています。

しかし、仏教では、たとえ地獄に行っても、そこでつぐないを終えたものはかならず極楽へ行けるという先の見通しの明るさを教えています。たとえば、地獄の閻魔《えんま》大王は、実は地蔵菩薩の化身だといわれていますし、また賽《さい》の河原で子どもたちを救ってくれるのは、地蔵菩薩です。またわたくしたちは罪によって、最も罪の多い者から少ない者の行く先は、地獄道・餓鬼道・畜生道・修羅道・人間道・

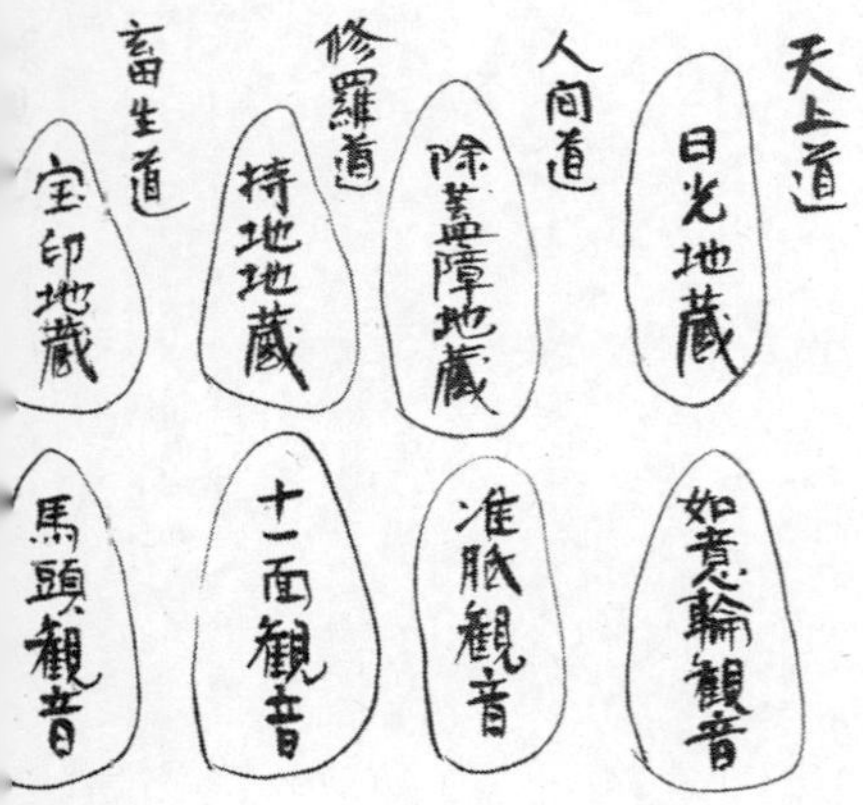

天上道という六道の裁きをうけますが、この六道には六地蔵が救済者として活躍しています。

また、現世で活躍している観音さんに六観音がいます。この六観音は、六道へ行って、それぞれの受けもちの場所で活躍しています。地獄道では、聖《しょう》観音。餓鬼道では、千手観音。畜生道では、馬頭観音。修羅道では、十一面観音。人間道では准胝《じゅんてい》観音。天上道では、如意輪観音。このようにして、観音さんたちは地獄で改心をすすめ、そして一日も早く、極楽行きをすすめているのです。

これが、浄土教の教えです。つまりこの世にいるあいだに、善いことは一つでもしておきましょうということです。ところがわたくしたちは、現世で、それほどよいことはでき

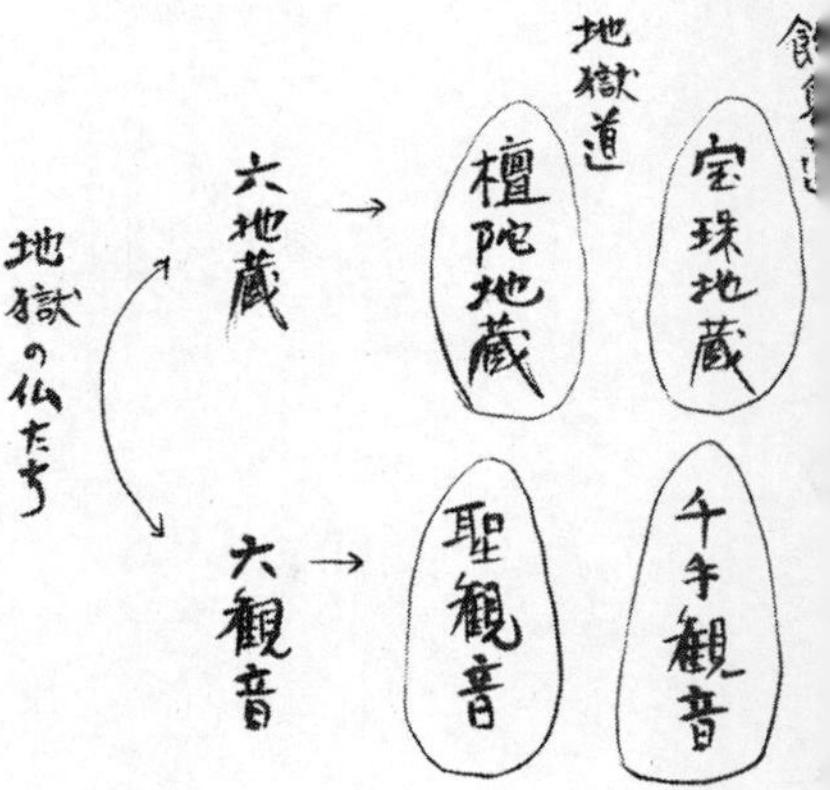

なくても、極楽へ行きたいという憧れがあります。その憧れをすすめる教えの一つとして浄土教美術がさかんに造られます。その極楽の表現とはどのようなことでしょうか。

極楽の表現に自然の光景も

満月が白毫
となる
鳳凰が
光背の
カリョウビンが
となる

わたくしたちの家庭には、先祖の霊をお祀りする仏壇があります。

この仏壇は、浄土曼荼羅図の光景を縮小して、立体化したものですが、その原形ともいえるものが平安朝になって盛んに造られ、そのもっとも豪華かつ代表的なものが平等院の鳳凰堂です。

浄土教美術は、絵画・彫刻・建築などに、日本独特の展開をみせたともいえます。それは仏教の発祥地であるインドや、仏教の伝来した中国や朝鮮半島にもみられない日本独特のものでした。ですから今日世界各国から日本を訪れる観光者のほとんどが、浄土教美術の仏教寺院に行くことが多いかと思います。

その代表的な浄土教寺院は平等院の鳳凰堂ですが、ここのお堂の形は鳳凰の姿です。極

楽世界をとびまわっている鳳凰が西方から日本の宇治の土地に舞い降りてきたという想定で造られています。

現代的ないい方をしますと、大きなつばさのジェット機で、西方から東国の日本へとんできた。その客席には、阿弥陀如来を筆頭とする、西方極楽浄土のほとけたちの一行が乗っている。そのジェット機が宇治に着陸したような光景だと考えればいいかと思います。いわば平等院は、堂そのもの、境内全体が極楽世界のパノラマになっているのです。

鳳凰堂の中には、仏師定朝の造った阿弥陀如来がまん中に坐し、四方の壁には九品《くほん》の世界が描かれています。さらに四方の小壁には、雲中供養菩薩が五十一体配置されています。これは四方の極楽浄土をとびまわっている菩

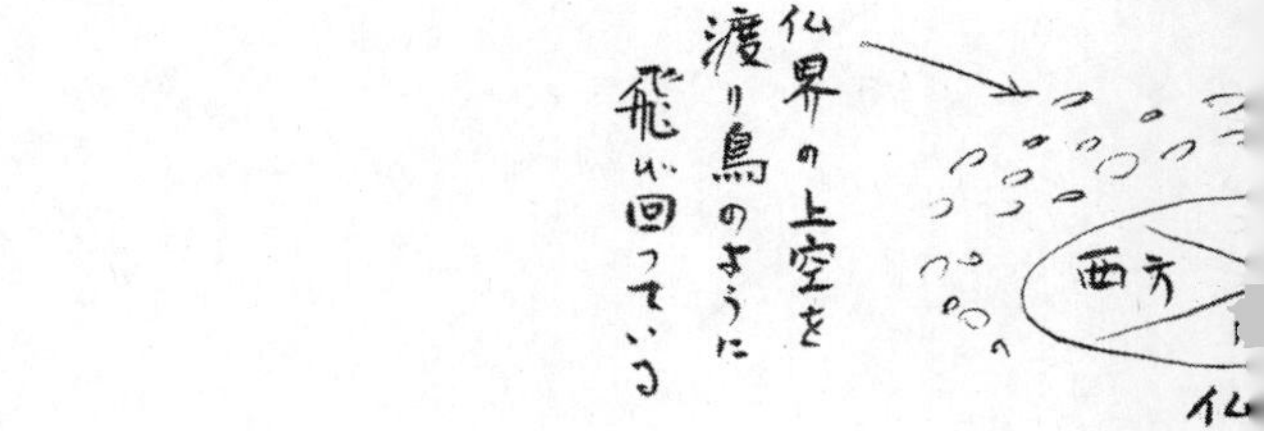
仏界の上空を
渡り鳥のように
飛び回っている
西方
仏

薩たちですが、この菩薩たちは決して五十一体だけというのではありません。これを密教的にいいますと、仏界の全体が浄土であって、西方だけが浄土ではありません。東の方にも、南の方にも、北にも浄土がある。さらにそれぞれの方向におられるほとけ一体々々がそれぞれに浄土をもっておられます。ですから仏界全体が浄土の国なのです。

その浄土の世界を雲中供養菩薩たちが渡り鳥のように何千何万と群れをなしてとびまわっています。その雲中供養菩薩たちが、たまたま西方をとびまわっているところを下からスポットライトをあてて、その光を受けているのが五十一体だというふうに思えばいいのです。

また平等院では、お堂の前に池があります。

これも浄土曼荼羅でいう十六観想の一つである水想観にもなっているのです。夕方お堂の中にあかりをつけますと、池に仏像の姿が映し出され、十六観想の水想観の役目も果たしています。

また、池の対岸におりますと、池を超えて彼岸に阿弥陀如来がおられる、そうした観想の場になっています。

また、平等院の境内では東の方から朝日の光がお堂にさし込んできますと、堂の前の池に光があたって、その反射光が、お堂の中へ下からさし込みます。この光は天井をあかるくし、天蓋《てんがい》や、雲中供養菩薩たちや、本尊のうしろの光背に光が下からあたります。また静かな風で水面にさざ波ができますと、堂内にさし込んでいた光は、めらめらとゆれ動き、この光をうけた菩薩たちは、いきいきとした表情になります。このように、さまざまな効果を計算に入れて境内全体を設計していることが、今日うかがえるのです。

また、京都と奈良の県境に浄瑠璃寺がありますここはお堂に九体の阿弥陀如来を祀っていますので、別名九体寺ともいいます。ところがこの九体ということから、いかにも九種類の阿弥陀如来がいるのではないかという錯覚を一般によく起こしますが、阿弥陀如来はあくまで一体です。これは先にもいいましたように西方極楽浄土の世界は、九種類の段階に区分されています。上品上生・上品中生・上品下生、中品上生・中品中生・中品下生、下品上生・下品中生・下品下生の九種類ですが、阿弥陀如来がそれぞれの場におられ

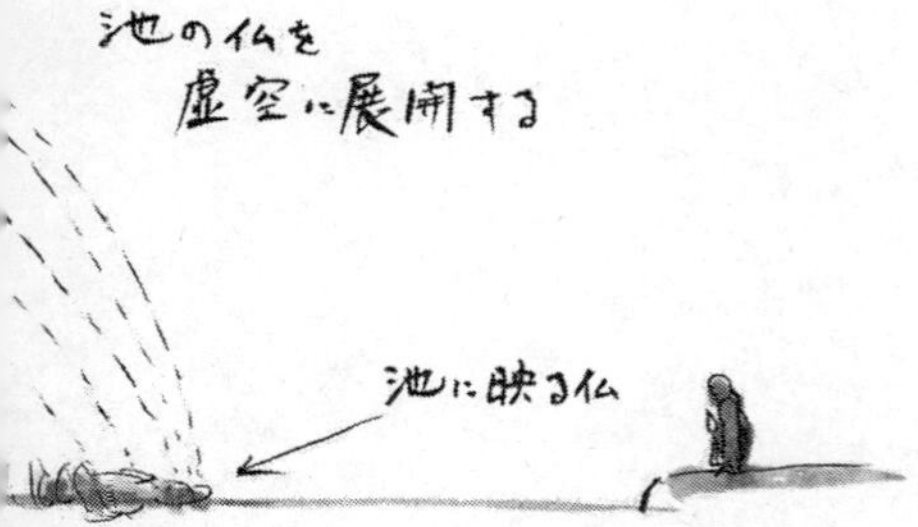

る人たちのところへ行って、そこで説法しておられる九つのお姿であって、阿弥陀如来はあくまで一体です。

たとえばわたくしが講演を頼まれて、幼稚園、あるいは小学校、中学校、大学で講演する場合、わたくしの姿は四種類であっても、わたくしそのものは一体です。そういう考え方で浄瑠璃寺の九体仏をみればいいかと思います。

その浄瑠璃寺の場合も、お堂の前に池がありますので、水想観の役割は平等院と同じです。

また、お堂にあかりを入れますと、池の水面に仏像が映り、台座が映ります。これが華座観です。また雑想観の中に、虚空にほとけを描くというのがあります。このことは、水

面に映ったほとけを、お堂の上空、つまり夜空に大きく展開させることです。現実の仏像がお堂の中にあって、その堂内の仏像が池に映る。その池に映った仏像を、池の岸を軸にして、拡大しながら、虚空に展開するのです。そうしますと、その虚空に描かれたほとけの姿に対し、お堂の屋根全体を一つの蓮華座として観想していくことができます。このように、十六観想をしやすい雰囲気に設定されているのが、浄瑠璃寺の境内のあり方です。

また、これと同じように、平等院の場合も、満月のころの夜景をみますと、その美しさは、えもいわれぬ光景です。満月のころ、月はこのお堂の少し左寄りにのぼります。そこへ池に映った阿弥陀如来を展開させますと、あの鳳凰が翼をひろげたようなお堂の上空に、大

きく阿弥陀如来を展開しますと、極端ないい方ですが、満月を阿弥陀如来の白毫《びゃくごう》と考えれば、これこそまことにスケールの大きなものとなります。

また平等院のお堂の屋根には、二羽のブロンズの鳳凰がいます。これは現実には屋根の左右にとりつけられているのですが、虚空にほとけを描くことになりますと、この鳳凰が阿弥陀如来の光背の下方にいる迦陵頻伽《かりょうびんが》（極楽世界の小鳥）のようになって、阿弥陀如来の両横におられるといった光景になります。

さて、平等院の浄土曼荼羅的な立体化された浄土教美術は、いわば人間の力量を尽くし、贅沢な材料を使ってできた最高のできばえになっているのですが、それは、あくまでも貴族的表現であって、貧しい大衆にとっては縁

遠い世界のようにしか思えなかったでしょう。
そこでもっとほとけと膝をつき合わせて、対話したいという願いがやがて来迎の思想となってくるのです。阿弥陀如来がわれわれを迎えにきてくれる、またわれわれも、阿弥陀如来の方に近づいていって、それこそ膝をつき合わせて対話をし、すがるという形が平安の末期になるにしたがって、さかんになってきます。
その第一歩が、日野（京都）の法界寺です。ここにも、平等院によく似た阿弥陀如来の像があります。ここのお堂は、板の間にひざまずいて、ちかぢかと阿弥陀如来を拝むことができるように設定されています。
次に京都の大原三千院の阿弥陀堂です。ここでも、阿弥陀如来と脇侍の観音・勢至の前にひざまずいて拝むことができます。そのときふっと気がつきますと、目の前のほとけがわたくしを拝んでくれているのです。合掌している勢至菩薩とわたくしとはほとんど同じ視線の高さで、いわばほとけとの対話ができるような雰囲気になっています。また、三千院の阿弥陀堂はお堂そのものは低い建物ですが、その中に大きな仏像を安置するために天井をアーチ型にもちあげています。この天井には極楽世界のいろいろのほとけたちが描かれ、小さなお堂であっても、本尊の上空に仏界があるという光景がなされていたのです。このように三千院の天井は虚空の表現を立体的に表現しているのです。

次に東北にあります中尊寺の金色堂《こんじきどう》です。これは藤原一門を祀ったお堂ですが、螺鈿《らでん》や金銀をふんだんに使った豪華なもので、おそらく平等院をしのぐほどのものが計画されたと思います。

三つの須弥壇のそれぞれに、清衡・基衡・秀衡の三代の遺体が葬られており、その須弥壇上には阿弥陀如来、その両脇に観音・勢至の両菩薩、さらに六地蔵、そして二天といったほとけたちが祀られています。

そもそも須弥壇そのものはほとけの世界の須弥山を表現しているのですが、その中に藤原一門の遺体があるということは、ある意味では、お墓的な祭壇になっていると思います。ですから、このお堂全体が西方の極楽であり、そこに藤原三代が永遠に眠っている、そういう光景がこのお堂だと思います。

次に浄土教美術でもっとも注目すべきは、

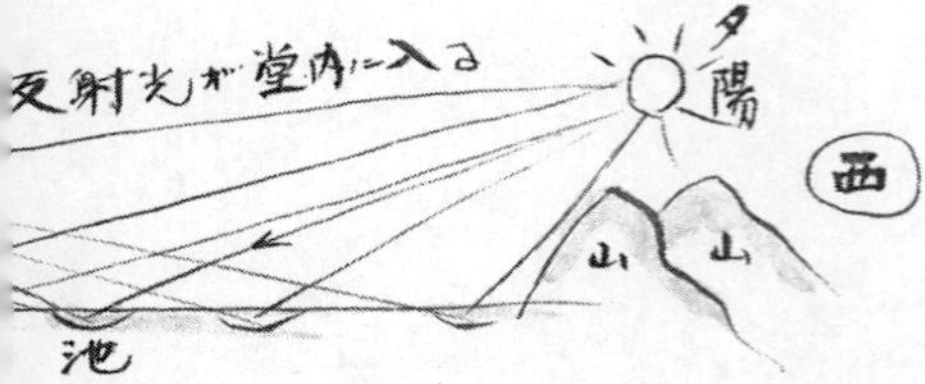

兵庫県の浄土寺の阿弥陀三尊像でしょう。

鎌倉時代に東大寺復興の中心となった重源《ちょうげん》上人が、この土地に阿弥陀堂を建てたのですが、そのとき彼は、中国で学んできた宋の文化をとり入れて、いわゆる大仏様式《ようしき》の阿弥陀堂を造りましたので、このお堂は、わが国では他に例をみないめずらしい建築構造になっています。

その特色は何かといいますと、お堂の背面が、すべて蔀戸《しとみど》になっていて、その蔀戸をあけますと、そこへ夕日がさし込むという設定です。また、そのお堂の裏側が西方で、お堂はすこし小高い位置にあり、しかも、西の方には、ずっと水田がつらなっていますし、さらに点在する溜池があるのです。この溜池に夕日があたり、その反射光がお堂にさし込む

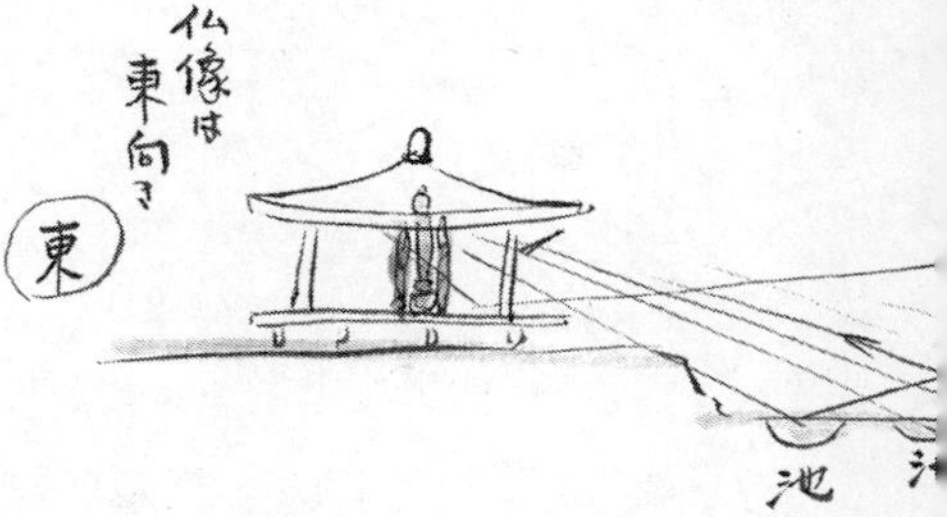

ようにお堂は造られています。このお堂には、阿弥陀三尊像があるだけで、そのほかの荘厳《しょうごん》は一切ありません。建築の材木はすべて化粧《けしょう》垂木《たるき》として、朱塗りにされて、それ以外の彩色はどこにもないのです。

　ところが夕日が落ちるころとなりますと、その背面からさし込む光に、最初はこの三尊がシルエットのようになっているのですが、だんだんと光のさし込みが多くなるにしたがって、金箔をおされた三尊は、金色にかがやきますし、堂内が夕日の赤さと、建築に塗られている朱塗りの色の反射で、あかあかとした色調にかわってきます。三尊の前に坐し、西空の夕日や雲をみて、三尊像にまた目を移しますと、いかにも西空から来迎してきた阿弥陀三尊のように表現されています。ここにきて、はじめて西方というものが観想され、あるいは意識される、そういう造形がこの浄土寺の阿弥陀堂だと思います。

さて、こうして浄土教美術は自然の光景を造形にとり入れているのですが、この自然をとり入れるという気持ちを、人格化表現された仏像にもとり入れ、いきいきした仏像に造り上げようというふうに、次の世代には変わっていきます。このいわゆる自然的、写実的ともいえるそういう造形を仏師たちはどのように形づくろうとしたでしょうか。

力づよい仏像にすがる期待

京都の三十三間堂には、千手観音が千一体祀られています。昔から誰かに会いたければ、三十三間堂に行け、とよくいわれました。

これは、仏像そのものを人間と同じように考え、親しみをもって拝むことを教えた言葉と思います。このように人格化されたほとけの姿を人間の姿に置きかえますと、どうしても健全な人体、つまり生き生きとしたいかにも生きておられるというほとけの表現を求めるようになってきます。

この考え方が鎌倉時代に入って、写実的な表現、つまり生き生きした仏像を造ろうとした仏師たちの創作にいろいろの工夫がなされました。また、それを依頼する寺側にも、そういう気分がもりあがってきますし、また、その像を拝む信者たちも、生き生きとしたほ

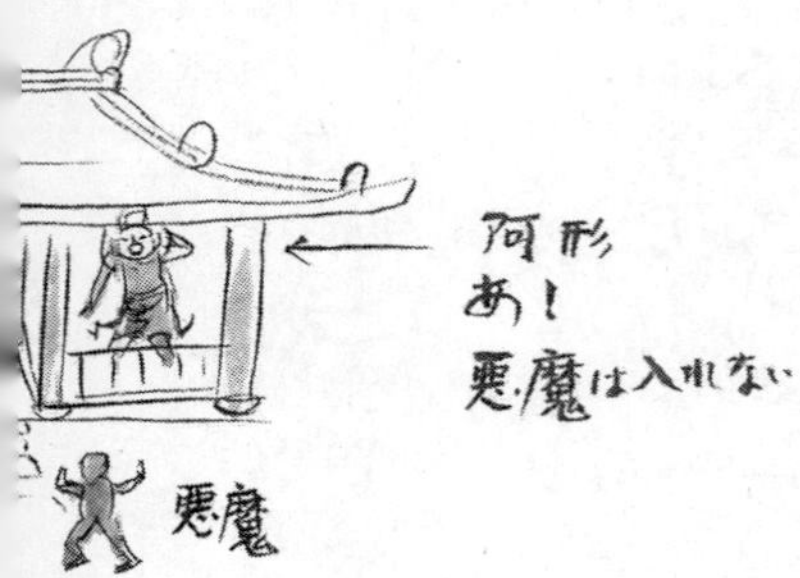

とけの法力を自分にもほしいと、力づよい仏像にすがる期待感がでてきました。

　では、それ以前の仏像で、この写実的考え方はどうであったかをふりかえってみますと、どうでしょう。それはわが国に仏教が入って以来、飛鳥時代から仏像が造られていますが、それらはみな同じように生きたほとけを意識して造られていたのです。

　たとえば奈良時代後期の天平《てんぴょう》時代では、塑《そ》像《ぞう》といって、土でさかんに像が造られています。こういう塑像の瞳の部分には、黒曜石の石を嵌《は》めこんだりして、いかにもそれが黒目でよくみえるかのような表現がなされています。東大寺戒壇院の四天王などは黒曜石が瞳に入っていますし、新薬師寺の十二神将には瑠璃《るり》、つまりガラスの棒がさしこまれて、透

き通った瞳を意識して造っています。

また木像にしても、鼻の穴はいかにも呼吸ができるかのように造られていますし、耳の孔も聞こえるような形で、ひじょうに写実性の高い、いわゆる迫真的に表現されています。指先にしても柔らかさやあたたかみを感じさせるような表現が奈良時代の像にはなされています。

このように、古来から仏像は写実的で、生きているほとけというものを意識していたのです。

また、平安朝に入ってですが、京都の清涼寺には三国伝来という釈迦如来像が祀られています。これは中国でできたものを日本へもちかえったものですが、その像には体内に布で造った五臓六腑の形が納められていました。

胃とか肺、腸、肝臓、心臓などが絹地に色分けし、医学的にも間違いのない形を袋状に造って、その中に綿を入れ、それぞれに解剖学的にも正しい位置に納められています。これこそ、生きている釈迦如来の姿を意識して造っているのです。また、耳の孔や鼻の孔も像内の内ぐりにまで貫通しています。この清凉寺式の釈迦如来像はその後日本の方々で造られるのですが、これらはみな、右の耳の孔に懐中電灯を当てますと、左の耳の孔からその光がみえます。これは、頭部の内ぐりに貫通している証です。このことは、われわれの願いをこめた祈りのことばをその生きているほとけさまに聞きとってもらえるように、またそのほとけさまの呼吸が、われわれに吹きかかるように、鼻の孔も耳の孔も貫通した造形がなされているのです。

このように考えますと、いつの時代でも、仏像の写実的な表現にはそれぞれに工夫されていたことがうかがえます。

さて、次の鎌倉時代に入りますと、武家政治の時代ですから、勇ましい像がさかんに造られるようになります。その中で代表とされるのが仁王像です。

わたくしたちがお寺へまいりますと、まず入口の門に仁王さまが両方から睨《にら》んで立っています。これは、わたくしたちが通るのを睨んでいるのではなしに、悪魔を門内へは、通さない、と見張っている姿なのです。

ですからわたくしたちを防衛するような眼で、いわば歓迎してくれているのです。さてそういう仁王さんに、人体の写実を追求して

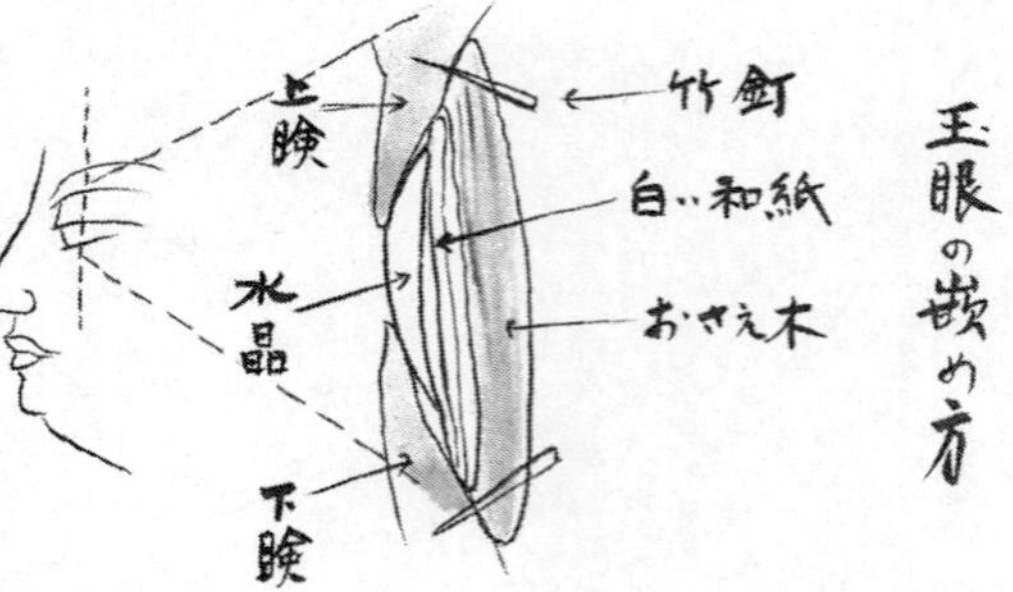

いくと、どういうことになるでしょうか。もちろん力強い筋肉の表現はいうまでもありませんが、そのうち、いちばんの問題は眼の表現です。つまり眼球の造形に力を入れるようになったのです。鎌倉時代は特に木像がさかんですから、木像に玉眼《ぎょくがん》を嵌《は》めこむ技法がさかんに行なわれるようになります。

この玉眼の嵌め方は、仏像の制作中、最終的な仕上げに入る段階にきたところで、顔面を耳の前あたりで割り離します。そのはずれた面に内ぐりして、ちょうど能面のような形にします。

そして眼部に水晶で造った眼球の形を嵌めこむのです。そのとき、凸の方を正面に出しますので、凹になる部分に墨で瞳を描きます。そしてそれを白紙で玉眼が落ちないようにお

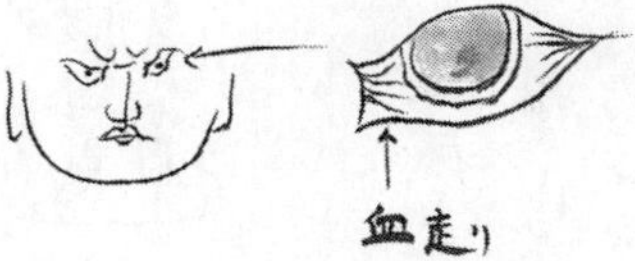

さえます。この紙が正面からみますと、白目にみえるのです。そしてその紙が落ちないように木片でおさえ、その木片を竹釘で顔面の内ぐり部に固定します。それを正面からみますと、それこそ生き生きと透き通った潤いを感じる瞳になるのです。また、仁王のような大きな眼のときにはいかにも怒りをこめたような血走った表現を目頭や目尻にしたほうが効果的です。これには白い紙で玉眼をおさえる前に別の紙で繊維をほぐして朱の絵の具の中にしみこませ、よく乾いた後に白目になる部分に、血走りのような形に張りつけます。これを表からみますと、力強く魔物に向って睨みつけているような表現となるのです。

さて、この玉眼は、美術史のうえでは、鎌倉時代からさかんに行なわれたということに

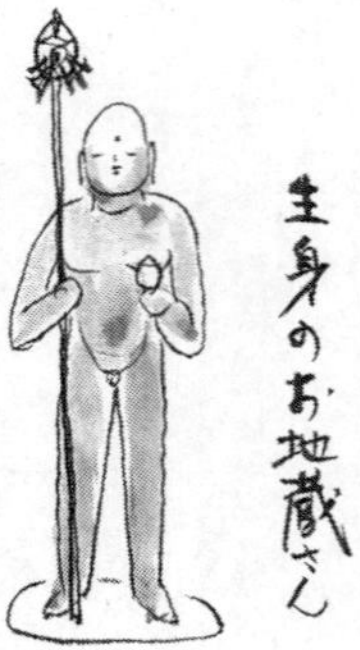
生身のお地蔵さん

いつも暖かい布製の
衣を着ているお地蔵さん

なっていますが、実は平安のごく末に何体かは試作的に試みられています。しかし、全面的にそれが活用されたのは鎌倉時代で、それが江戸時代から現代にまで及んでいるのです。

　この仁王像で有名なのは、運慶と快慶の力作である東大寺の像です。その筋肉の表現は写実的で、いかにも西洋彫刻の大理石彫刻をみるような表現ですが、特に奈良の興福寺の仁王像は血管や筋肉など解剖学的にみても、まちがいないと思われるほどに造られています。

　ところがこういう写実にだんだんと深入りしていきますと、ある意味では、信仰の面からみても、異様な像ができてきます。その一例が奈良の伝香寺の地蔵菩薩です。この像は一メートルほどの木像ですが、完全な裸形です。しかしその像をお祀りするときは、布製の衣をつけ、袈裟をつけられるように造られています。これには、毎年、あるいは何年目かに信者さんたちによって、新しい衣に着せかえるという信仰が今日までつづいています。

このことは彫刻としては、やりすぎた表現かもしれません。しかし信仰的には、地蔵盆のときに石のお地蔵さんに涎《よだれ》かけをかけかえるとか、化粧をするといった気持ちが、暖かい衣を着せるという信仰にまで発展していったのです。

また、兵庫県小野市の浄土寺には三メートルほどの阿弥陀如来の立像《りゆうぞう》があります。上半身が裸で、下半身は裙《くん》をまいた姿になっています。この像は、いつも壇上にお祀りしているのでなしに、お堂の隅に安置しておき、春

と秋の彼岸日に、この阿弥陀如来像に袈裟衣をつけ、信者たちが二十五菩薩の面をかぶって、境内で行道法要するために造られたのです。今日ではこの行事は行なわれておりませんが、かつてはこの行道がさかんだったのです。このように仏像に衣を着せて、大衆とともに練り歩く、そういうような像を行像《ぎょうぞう》といいます。

さて、このような裸の像は、一見、彫刻としては異様にみえます。しかし信仰の面ではわれわれ人間と同じように、衣で、暖かく仏身をつつむという信者の気持ちがこれまでになったものと思います。

また、玉眼にも異様な例があります。それは京都三十三間堂で千手観音の守護神である二十八部衆の中の摩睺羅伽王《まごらかおう》です。この像の目玉は、五つついています。上下二個ずつと、ひたいのところに縦の目が一個という異様な姿です。しかしこの玉眼の瞳の表現がすばらしいものですから、五つの目があっても、不自然さを感じさせないほど、巧妙な表現になっています。

また、写実的という点で異様な例がありま す。これも同じ二十八部衆の中の婆藪仙人《ばすうせんにん》という像ですが、この仙人は頭巾を被っている姿です。丸坊主の上に頭巾を被っているのですから、木像とすれば、この頭巾はとうぜん彫り出しているはずです。ところがこの像の頭巾はすぽっとぬけるようにつくられているのです。ですから、その頭巾は薄い布の感じを微妙なところまで表現していますし、その頭巾をはずしますと、頭には彩色《さいしき》までしてい

るという凝ったものなのです。また、この二十八部衆の中にいる金毘羅王は、兜をかぶり、鎧を着ていますが、その兜が、ぬげるようになっています。これも兜をとると、頭の毛が表現され、そこには毛描きまで彩色されています。ここまでいきますと、こんどはむしろ鎌倉時代の写実のどぎつさに考えさせられるものがあります。

ところがこの同じ二十八部衆の中にこれこそすばらしい写実であり、仏教芸術の面でも最高ではないかと思うものがあります。それは神母《じんも》天と迦楼羅《かるら》王の二体です。この神母天は衣を着て、両手でシンバルのような鐃鈸《にょうはち》をもってちーんと叩いている、そしてその余韻をじっと耳を澄まして聞いているという表現が顔の表情になされているのです。

どこにその表現がみられるかといいますと、ひたいのところです。眉をぐっと鼻すじの方向に寄せています。この眉を鼻すじに寄せるということが、小さな音を聞く表情になるのですが、その微妙なところをこの像は表現しているのです。また迦楼羅王は、人間の姿ですが顔は鳥の顔で、肩には翅をつけ、鎧を着て横笛を吹いています。この横笛の音を拝んでいるわたくしたちに聞かそうとしているのです。

ではどこに、その音を表現しているかといいますと、この像は右の足先を少しあげています。これは右足先で足拍子をとっている姿で、その足拍子が笛の音色の表現になっているのです。その笛を吹いている口元や笛をもつ指先はいかにも写実的につくられています。

ところが、それ以上に、笛の音まで感じさせようとする表現がこの足の形にあるのです。

わたくしたちが、この像の前に立ちますと、そこにぴっと吹かれた笛の音が聞こえてきます。そもそも絵画は二次元の世界、彫刻は立体的ですから三次元、音とか時間は四次元の世界です。つまりこの神母天や迦楼羅王の像は、四次元の世界を表現しているのです。彫刻がただ単に立体的というだけでなしに、音の世界まで、四次元の世界まで表現しているのですから、これこそ正に仏教芸術の最高峰といえるのではないでしょうか。またそういうほとけさまたちに、仏像を通して人間が親しんでいく。さらに仏像の方からも、積極的に信者の方に近づいてきてくれる、そういう親しさが仏教信者にとって最大のよろこびでもあるのです。ところが仏像に親しすぎますと、かえってその恩恵を忘れるということもあるのです。あまりにも親しくなりますと、こんどはほとけそのものを人間臭く考えてしまう。親しさのあまりにありがたさを忘れるということが、鎌倉の末ごろから、だんだんにおきてきます。

このことは、鎌倉以後の問題というよりも、いつの時代にもあったのです。日本に仏教が入って以来、多くの仏像が造られ、信者たちがお寺に詣るようになりました。それにつれて、各寺院では、信者たちに、まず仏像に親しみをもつとともに、いつもありがた味を忘れさせないような方法として、祀り方にいろいろの設計をしてきました。つまりほとけの姿を信者の心にやきつける方法ですが、それらの中で、もっとも効果的なものがあったのです。それはどのような方法だったのでしょうか。

心の中でほとけを造形する

仏像は仏教における信仰の対象です。ですから僧たちは、古来、仏像を通して、ほとけの心と形を大衆に説明してきました。また仏師たちも、いかにすればほとけのありがたさを大衆に感じてもらえるかと、生きたほとけに迫る写実的表現に情熱をもやしていたのです。

しかし、仏教本来の考え方としては、仏像をみせるとか、拝ませるだけではなく、大衆のこころにほとけの姿を烙きつけるところに本来のねらいがあるのです。そこで考えられたのは、秘仏にすることでした。

秘仏の場合、何十年も、扉をひらかないので、次の開扉までは、生きていられないかもしれないという不安もあります。そこで、なぜ秘仏にするのかという質問をよくうけるこ

秘仏は拝む人の心の中で
自由にふくれ上る
堂内の僧は厨子の大きさに
廻廊の人は堂全体の大きさに
堂外の人は基壇から堂の頂上
までの大きさに

とがあります。これに対しわたくしは、このように答えています。

たとえば東大寺の二月堂にはお水取りの行事があります。ここの観音さまは秘仏です。お堂で拝んでいる僧たちは、観音悔《け》過行《かぎょう》といって、観音さまの前で、床にからだを打ちつけて自分の犯した罪、過去の行ないを懺悔しているのです。彼らには、お厨子の中に観音さまがたしかにおられるという確信がありますから、その前で拝んでおられます。しかも秘仏の観音さまはどんなお顔か、どんなお姿か、大きさはどうか、というようにその人なりに想像して、その想像した観音さまの前で、懺悔していることになります。

自分の眼の前には実物の観音像はおられないが、自分の心の中に観音さまの姿を描いて

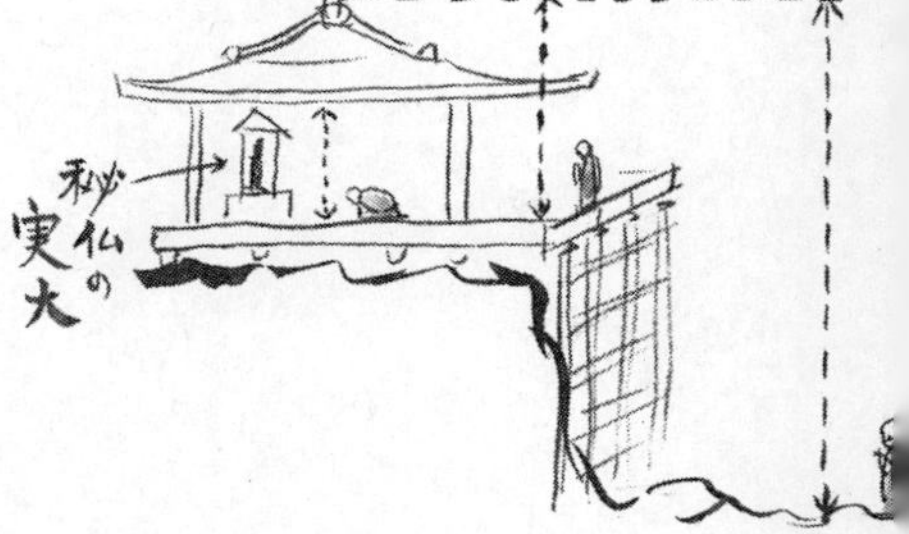

いるのです。たとえばお厨子の中に安置されている像が現実には小像であっても、その僧にとっては、そのお厨子いっぱいの観音像を想像します。つまりお厨子の大きさが即観音さまの大きさになるのです。

また、お水取り行事にお詣りした大衆にとっては、お堂に入れないで、二月堂を遠くから拝んでおりますと、その秘仏の観音さまは、お堂全体の大きさに想像されてきますし、さらに、二月堂はかなり高い石段の上にありますので、その大きさは、石段ぐるみの高さの観音さまを自分の心の中に描いています。

有名な浅草の観音さまは、一寸八分だといわれていますが、あの大きなお堂を遠くから拝んでおりますと、その一寸八分の観音さまが、大きなお堂いっぱいになっているように想像されてきます。

このように、自分なりの大きな美しいほとけさまを描いていけるところに、秘仏の意味があるのです。この心の中にほとけを造形するといった考え方が、南北朝以後の仏像に多くみられるようになってきます。

たとえば鎌倉市に覚園寺というお寺があり、そこに薬師三尊像があります。本尊は鎌倉の末期で、両脇侍が室町時代のものです。

この薬師三尊像は須弥壇の上に祀られていますが、ここの須弥壇の高さは約二メートルくらいあります。ですから、われわれの背丈よりも高い須弥壇の上に、さらにわれわれの背丈よりも高い蓮台があって、その上に仏像が祀られています。その仏像は、ふつうの人体の比率からみますと、ひじょうに坐高が低い。つまり頭部が大きく、胴体が短い、ずんぐりした造形です。

この像を、僧の拝む位置に立ってみあげますと、仏像の膝までみえますので、たしかに蓮台の上に坐っておられることがわかります。ところが、僧が、投地礼拝で、頭を地面につけて、合掌して下からみあげますと、仏像のからだは蓮台のなかに隠れて、胸から上、つまり頭部と胸だけが蓮台の上にあるようにみえます。

次にその位置からしずかに立ちあがりながら、その像をみておりますと、仏像のお腹がみえ、膝がみえてくるのです。このように、自分のからだを動かすことによって、仏像が蓮台から出現してくるようにみえるのです。それはいかにも蓮華から出現するほとけさま

礼拝者が
自分の身体を
動かすことに
よって
仏の方も
動きだす

のように。

さて、ここで考えさせられることは、鎌倉時代までの仏師たちは、仏像を拝む人にありがたさを感じさせるとか、荘厳なほとけを感じさせるように技術を練ってきました。

また、三十三間堂の二十八部衆は、形だけでなしに、音の領域にまで効果を出そうとしています。つまりこのことは、仏師の技術を芸術的な水準に高めることによって、その造形が一般の信者たちにも、ほとけのありがたさや、ほとけの世界の美しさを感じさせてきたのです。

ところが、この覚園寺式の考え方ですと、本当の仏教信者は、仏像の方からその美しさを当てがわれるのではなしに、実際に自分の方から仏像の方に迫ってゆくという方法です。

つまりその行為こそ、仏教信者には当然のことなのです。投地礼拝で自分のからだを動かすと、仏像の方も動いてくれる。つまり動いたようにみえるのです。これが仏像にとって本当の写実的な表現だということではないでしょうか。

形がいかに写実的に造られていても、それは仏教でいう本来の写実ではありません。自分のからだを動かすことによってみえてくる仏像の生き生きした美しさ、これが本当の写実だという考え方です。

仏教芸術的な立場からいいますと、仏像が生きたように造られていることを一般には写実的な表現というのですが、仏教的な写実とは、拝む側が実際にからだを動かすと、仏像の方も動いたように感じる、そこに真の写実があるのだということです。

いかに生き生きしたようにみえても、見る人がじっと坐ってそれを鑑賞しているだけでは、それは、あくまでも写実的な表現を鑑賞しているにすぎないのです。仏教本来の願いとしては、仏教信者は、まずありがたい真のほとけを自分のこころの中に描き、そして現実の仏像の前で、実際にからだを動かして投地礼拝や行道をしながらほとけを拝むことをすすめているのです。そうすることによって、仏像の方がその人の前で蓮華から出現してくれる。それにほとけと一体となれたという現実的な写実があるのではないかと思うのです。このことはどの仏像にも共通していえることです。自分のからだを動かしながら仏像をみれば、仏像の方も、同時にふりむくように造形されているということがわかります。

次に時代的にみますと、安土桃山時代から江戸時代にかけて、仏像の造形は徐々にかわってきます。つまり戦乱に荒れた寺々の復興ということから、造寺・造仏や壊れた仏像の修理がさかんになります。

そこで仏師たちにとっても、沢山の仏像を造ることが要請されます。しかも数を造るということから、安くて早く仕上げる分業的な職人的技術がさかんになり、仏師たちはそこに腕を競うようになりました。

そして、自分の特技とする部分を凝りに凝って造るということも多くなってきました。つまり分業的な大量生産では仏像の本体を彫る人、または台座や天蓋、光背など、みなそれぞれに自分の腕をみせようとして、やたら

平安時代
光背の火焔は

に飾りたてたようなのが多くなりました。ですから宗教的にどれほどの効果があるかということになると、むしろ悪い結果さえ出ているといったものも多くなってきました。つまり一見丁寧のようにみえる仏像もある意味ではごてごてした、わずらわしさが欠点になっているのですが、凝りに凝っているというところもまた江戸時代の仏師たちのよいところであるという点もみのがしてはならないと思います。

それらを造形的にみますと、その人体の表現は、浮世絵にみられるようにいわゆる江戸美人系のようになで肩で、腰も弱々しく細身のものや、また、坐像の場合は、坐れば牡丹というようにずんぐり短い表現であったりしています。

江戸時代
光背の火焔が
本躰を包みこむ
火中の不動

また台座はごてごてした模様が多くなりますし、光背も仏像に蔽いかぶさるような形が多くなっています。たとえば不動明王などの場合、その火炎の形はその像をつつみこみ、いかにも火炎の中で、不動明王が立っているように造られています。

それまでの光背は、平安時代のものでは、板光背といわれるように、平面的なものでしたが、江戸時代のは背面から仏像をつつみこんでしまうような、また、上からほとけに蔽いかぶさるような表現です。ですから、一見重苦しく感じられますが、これがある意味では、江戸仏師の意欲的表現になっているのです。従来、美術史の上では彼らの職人芸はあまり注目はしなかったのですが、そうした江戸仏師の技術も仏教芸術という分野の中では見直すべきではないかと、わたくしは思っています。

さて、前述の秘仏の話に戻りますが、厨子の中の仏像が拝めないということになりますと、その仏像がどのような姿なのか、想像すらできないというのが一般の信者の立場になろうかと思います。

そこで寺としては、秘仏のお厨子の前にはかならず御前立ちという仏像を祀っています。ですから信者はその御前立ちをみて、これと同じ姿のものが厨子の中に祀られているんだと想像すればよいのです。

また、お堂は内陣と外陣《げじん》に区別されていて、内陣に入れない場合がありますが、こんなときは外陣の欄間に、本尊の姿を薄肉彫り（レリーフ）にして丸額に納めて掲げているとこ

ろがあります。これを御正体《みしょうたい》、または懸《か》け仏ともいっています。

つまり、お厨子の内は秘仏だといいながら、その姿を御前立ちにし、御正体にして、信者に本尊の姿を想像しやすいようにしているのです。だからそれらを通して、それ以上に美しい像がお厨子の中に祀られているのだと、自分の心の中に刻みこめば良いのです。

さて、仏像は、ほとけの姿を形としたものです。そのほとけには法身・報身・応身の三つの姿があるといわれています。ではその三身とはどのようなものをいうのでしょうか。

色即是空、空即是色の秘密

ほとけの世界には、蓮華蔵世界、曼荼羅の世界、そしてこれから申しあげます如《によ》の世界の三つがあり、そこにいるほとけたちにも、法身《ほっしん》・報身《ほうじん》・応身《おうじん》という三つの姿があります。また、それらのほとけたちを分類しますと、如来・菩薩・明王・天部という四種類のグループに分かれます。

ではこの「如の世界観」とはどういうものかをわかりやすいことばで説明してみましょう。ここに山があり、地面があり、地上には家があり、そこにわたくしがいます。またここに海があり、太陽が照り、空中には空気があります。山には木があり、小鳥がとんでいます。こういう情景をわたくしたちは、自然とか大きくは宇宙といっています。

ところがここでいう山とは、これは人間が

きめた名称で、本来、「山」というものはない。土とか石ころが積み重なっているその形に、人間が山という名をつけているのであって、つまりわたくしたちの身のまわりにあるものは、ぜんぶ人間がきめた名称です。ですから、本来山というものはない。それは山のごとしです。

このように考えますと、わたくしたちの身辺をつつんでおります自然そのものは、「ごとし」のかたまりということになります。この「ごとし」を「如」というのですが、この「如」のかたまりを仏教では、「真如《しんによ》」といっています。

さて、わたくしはどこからできてきたか。お父さんお母さんからです。ではお父さんお母さんはどこからか。おじいさん、おばあさんからと、えんえんとさかのぼっても、その限度はつかめません。結局、わたくしは真如の中から生まれてきましたといういい方しかできません。つまりわたくしは如から生まれた如来ですから私は西村如来ということになります。

次にわたくしは死にます。どこへ行ったか。わたくしの身体は焼かれて水分はかえしました。そして、骨は残りました。土中に埋められ、雨が降り、骨はとけてしまいました。ではわたくしは、どこへ行ったか。如の世界に去っていきました。だからわたくしは如去《によこ》ということにもなります。

このようにわたくしたちの身辺にある一切のものは、如来であり如去でもあるのです。それらによって、「真如」は構成されている、

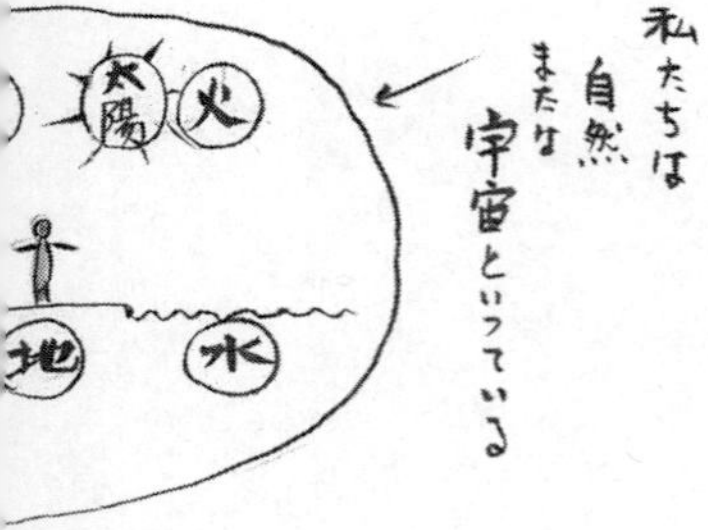

ということになります。

次にこの真如のかたまりの中におたがいがおるということは、同じものを共有しているなにかがあるからでしょう。ではそれはどういうものかといいますと、地面の地《ち》、湧水や雨や雪などの水《すい》、太陽熱の火《か》、そして空気の風《ふう》、つまりこの地・水・火・風の四つの元素です。

だからわたくしはこの四つの元素から構成され、わたくしが亡くなったときは、この四つの元素にかえっていくということになります。この四つの元素のかたまりを仏教では空《くう》といっています。つまり、真如は空ということになりますので、こんにちのいい方では、この自然、大きくは宇宙のことを仏教では空といっているのです。

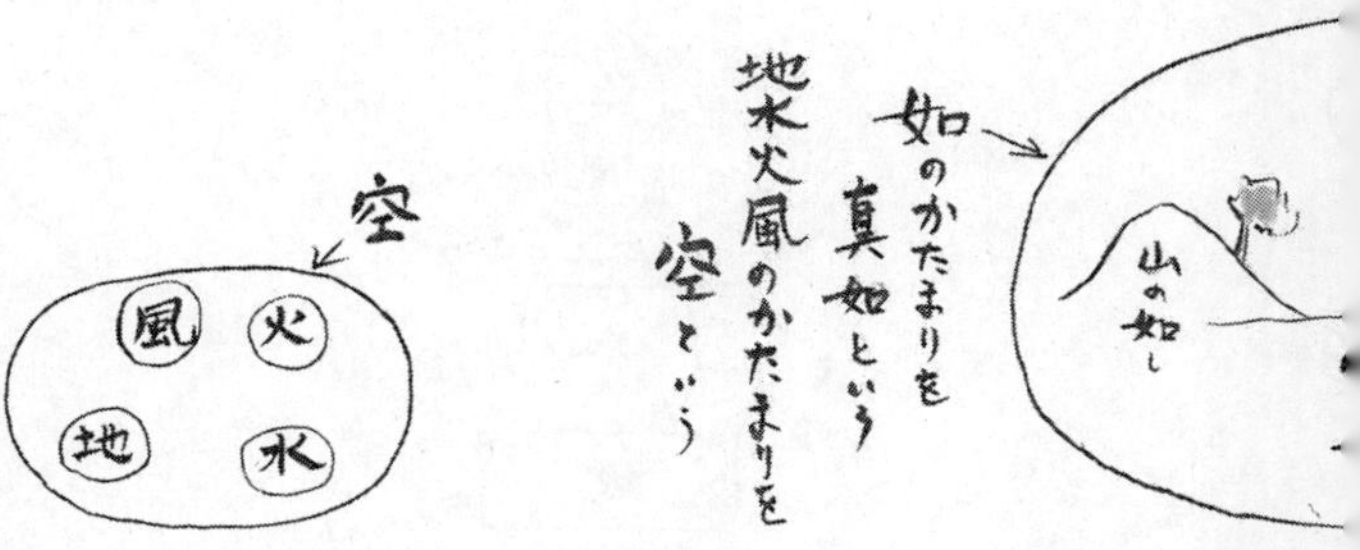

さて、一般に知られている五輪の塔では、いちばん下の土台の四角い部分を地といい、その上の円型の形を水、そして、その上の屋根が火で、その上にある蓮華の形を風といいます。そしていちばん上の宝珠の形を空といっています。

ここで一般に誤解しやすいのは、五輪の塔は下から地・水・火・風・空との五つありますので、宇宙を構成している元素は五つあると錯覚しがちですが、地・水・火・風の四つのかたまりが空だということです。ですから、この宝珠の形がわたくしたちをつつんでいる宇宙の姿だと考えればいいかと思います。

次に、ここに菜っ葉が生えているとします。この菜っ葉も如来ですから、菜っ葉如来ということになりましょう。そこでわたくしが、

この菜っ葉如来に、お腹がすいたので食べさせてほしいといいます。するとこの菜っ葉如来は、わたくしに対してどうぞといって、わたくしのために自分の身を犠牲にしてくれます。このときわたくしがその菜っ葉如来をいただくということは、実はその菜っ葉という如来が、わたくしのために菩薩に変身してくれたということになるのです。

次にこの菜っ葉がわたくしのお腹に入りっぱなしでは困ります。お腹の中でこなれて、そしてわたくしのためにエネルギーと化して、血となり肉となってくれないとわたくしは困るのです。

つまり菩薩はもう一度変身する。それが明王です。不動明王は大日如来の化身であるとよくいわれますが、これは大日如来が菩薩に

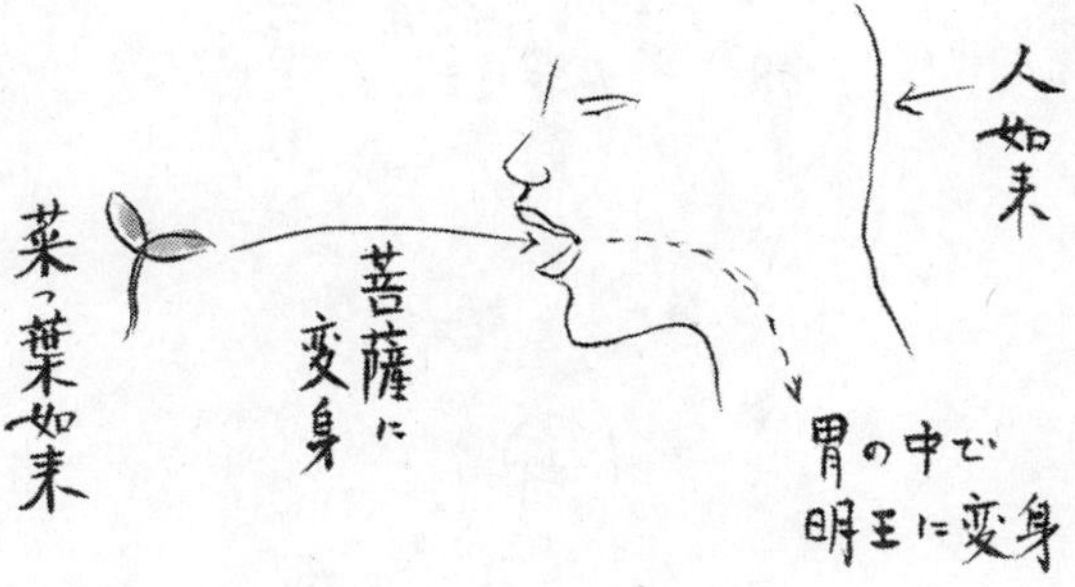

変身し、さらに明王に変身したということになるのです。

このように考えていきますと、宇宙を構成している一切のものは、おたがいが如来でありながら菩薩に変身し、明王にもなるのです。

次にたとえば、太陽が照りっぱなし、雨が降りっぱなしというように自然のバランスが崩れては困ります。そのバランスを守っている神々が天部たちです。このようにみていきますと、密教でいう如来・菩薩・明王・天部という、仏・菩薩たちの名称のつけ方も、この「如」の世界観からみるとわかりやすいかと思います。

次に、この自然の中はいろいろの物で構成されています。山あり河あり、静物、動物その他いろいろのものがあります。皆それぞれ

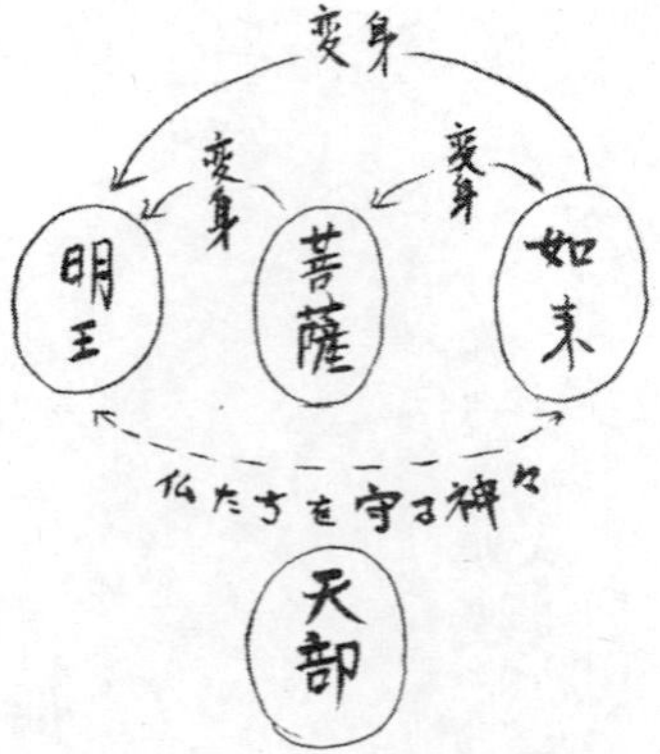

が如来です。こういった一個々々の如来を仏教では「色《しき》」ということばで呼んでいます。つまりいろいろのものというふうに考えてみます。そのいろいろのものが、かたまって真如ができている、つまりいろいろのものがかたまって「空《くう》」となっている。こういう考え方で色と空をみていきますと、般若心経でいう「色即是空・空即是色」ということばもわかりやすくなってきます。

たとえばわたくしのからだを宇宙全体の「空」とみますと、わたくしを構成している骨・皮・筋肉・内臓、そして爪などみなそれぞれが「色」だということになります。たとえばいまわたくしが爪を一本ひきぬかれても、生きておられます。しかしその爪はいまわたくしにはなくては困る。つまりわたくしを構

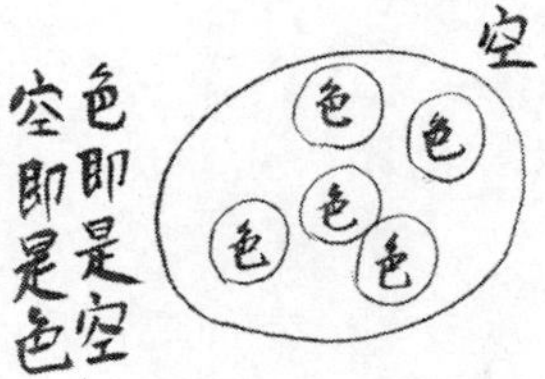

成している一構成員でもあるのです。
そうしますと、そのわたくしの爪そのものはわたくしの凝縮されたものであるということもいえます。つまり、いろいろのものはすなわちこれ宇宙の凝縮したものである、というい方もできるのです。
そう考えますと、『般若心経』の「色即是空・空即是色」もわかりやすいかと思います。では、ほとけの法身・報身・応身の三つの姿はどう解釈したらいいのでしょうか。
これを簡単な言葉でいいますと、まず法身とは、自然を構成している一切のもの、つまり森羅万象の個々の姿のことです。だからあの山もこの川も、あの木もあの小鳥もこの花も、すべてがほとけだということです。このように、自分の身辺周囲を見ていると、結果

三つの姿

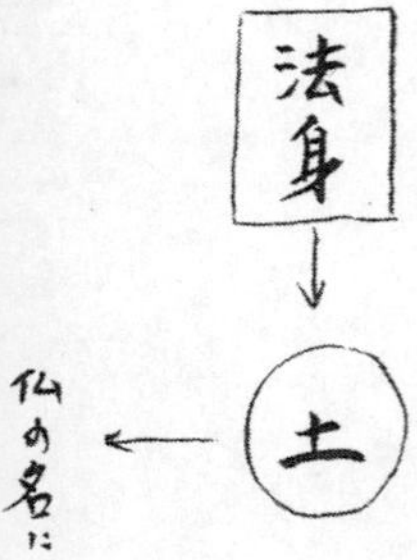

的には、あなたもほとけ、私もほとけということです。次の報身とは、法身の姿をそれぞれの働きに応じて、ほとけの名をつけたもので、例えば、土という法身を地蔵菩薩といい、水は観音菩薩、火は不動明王などといっているのです。大地は、わたくしたちのためにその資源を無限に与えてくれています。ですからこの地は法身ですが、如の世界でいいますと、地如来であり、宝の蔵をもっている地蔵如来でもあるのです。その地蔵如来がわたくしたちのために、身を犠牲にしていろいろなものを与えてくれます。つまり菩薩に変身していますので、地蔵菩薩というい方にもなるのです。このように法身を仏名に切り変えたものを報身といい、これを人格化表現したのが仏像なのです。

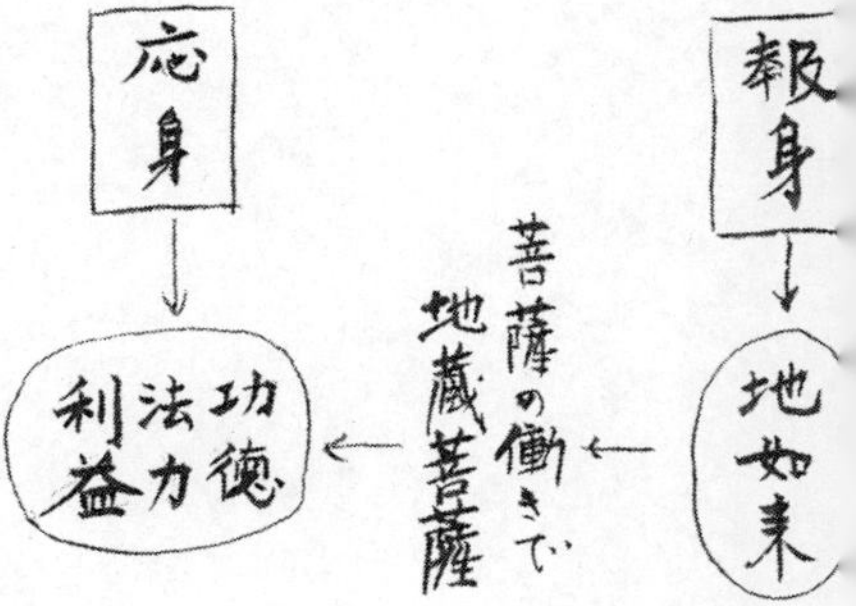

またこの宇宙には、無限の生命力があります。この宇宙という大自然が法身で、その生命の働きが無量であるところから、ほとけの名をつけて、無量寿如来とか、阿弥陀如来といっているのです。

　また自然の中には、いろいろな草が生えています。人間には雑草にみえても、牛や馬、その他の動物には、それは食料であり時には薬草ともなっているのです。つまり、それらはみな宝です。それによって救われ、また、わたくしたちの健康も守ってくれていますので、一切のものはすべてが薬だということもできます。つまりこの宇宙の働きそのものを、薬師如来というように考えることもできるのです。これが、報身の薬師如来です。

　最後の応身はわたくしたちの願いに応じて、

姿をあらわしてくれるものです。まずほとけの世界から、われわれの願いに応じて、この世界に姿をあらわしてくださったのが釈尊だということから、釈尊が応身の第一号ということになります。

ところがこの応身については、わたくしたち自身も応身になれるということもあります。たとえばわたくしが、商売がうまくいかなくて一家心中しなければならないほど困ったときに、友だちからどこそこの毘沙門天は商売繁盛の神さまだから拝みなさいとすすめられます。そこでいっしょうけんめいに拝んだが、どうしても、商売がうまくいかない。いよいよ一家心中という覚悟をしたときに、また別の友だちに会って、そんなに困っているなら、これを使えと、お金を貸してくれた。こうなりますと、わたくしにとっては、毘沙門天よりも、友だちの方がご利益があるということになります。ところが実はこの毘沙門天は、その友だちに変身して、わたくしを助けてくれたということになりますので、その友だちが応身ということになります。

さて以上のことをまとめていいますと、ほとけの三身は、自然の現象を法身、功徳によってほとけの名をもつものを報身、そして願いに応じて姿を変えてあらわれてくれるものを応身といいます。ですから、わたくしたちからみると、ご利益をもらったということが応身に会えたということになるのです。

さて、九世紀ごろ中国に臨済禅師《りんざいぜんじ》という方があらわれます。中国へ達磨《だるま》大師が禅をもたらし、一時は受け入れられなかったのが、だ

んだんと中国に根づき、九世紀の初めに臨済禅師が活躍します。そしてその前の七、八世紀ごろに栄えた密教を完全につぶしてしまうほどの勢いで叩いていたのが臨済禅師です。このことが、『臨済録』に出ています。雲水たちに話をした内容の要点だけを抜粋してみますと、お前たちは大日如来だとか観音さんだとかいっているが、そういうほとけはいない、そういうことをいっている坊主は狐か狸のようなものである。お前たちは、自分のあたまが自分のからだにくっついていながら、わたしのあたまはどこかと探しているのと同じだ、ほとけというものは、そんな形のあるものではない、強いていえばお前がほとけではないか、わしもほとけだ、すべてのものがほとけの本性をもっているのだ、と。

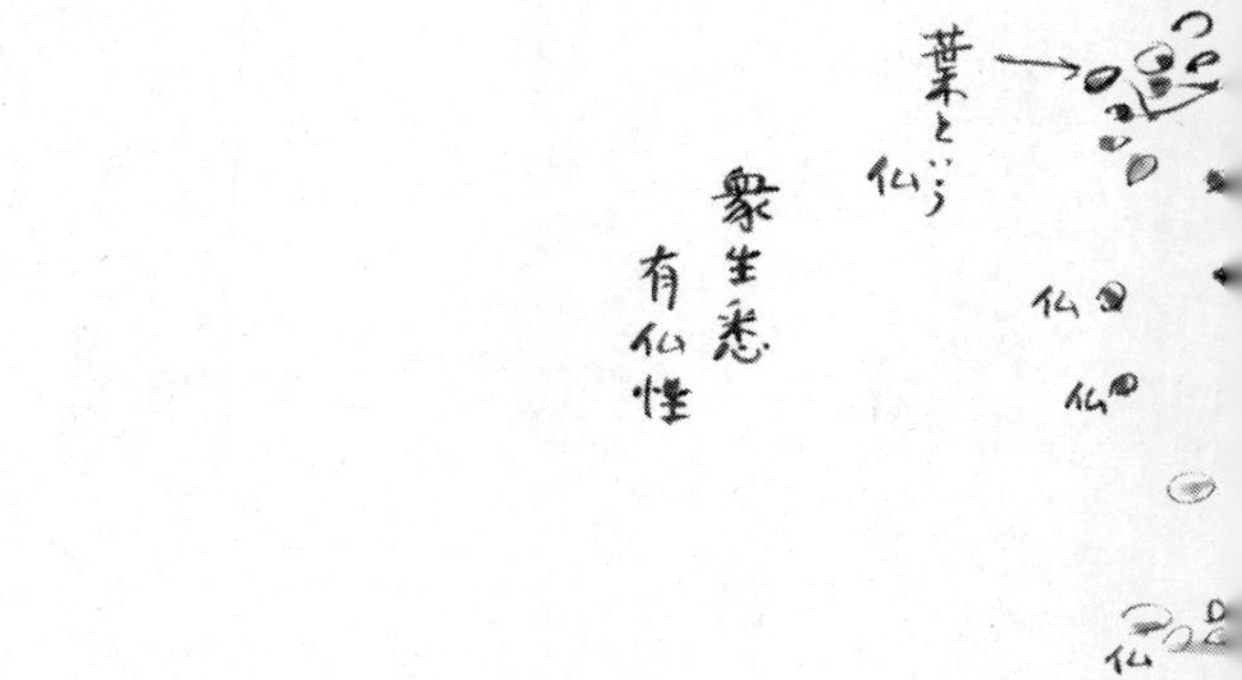

そういう考え方が如の世界観になっていると思うのです。ですから僧が庭を掃いているとき、一枚の葉っぱをみて、葉っぱもほとけなんだということに気づいたということが如の世界観の見方です。われわれの身辺にあるすべてのものはみな同じほとけ、わたくしも、あなたも、あの太陽もほとけということになります。

さて、同じほとけだといいますと、すべてが同格のように感じられますが、わたくしはすべてのものから与えられるものばかりで、わたくしから与えているものは何もありません。太陽の熱をもらい、食べ物の菜っ葉如来を食べさせてもらっています。

こうなりますと、わたくしはみんなに犠牲になってもらっています。つまり如来には菩薩になってもらって、わたくしのために変身してもらっていることになります。そうしますと、わたくしは、一切の如来たちに合掌して感謝をしなければなりません。太陽に向かっても、土に向かっても、草に向かっても、合掌しなければなりません。このように考えますと、自然現象の一切のものを拝んでおればよい、ということになってきます。

では、いままでにやってきたように仏像を造ったり、寺を建てたりするという必要はなくなってしまいます。ただ、自然現象を拝んでいればいい。

しかし、それでもやはりわたくしたちは、仏像を造っていきたいという気持ちにかられます。それではなぜ寺を建てたり、仏像を造ったりするのでしょうか。

わたくし自身が祈りの対象

仏像はどんな材料で造られているか、とよく聞かれます。それには、石で造った石像、土で造った塑《そ》像、木で造った木像、漆で造った乾漆《かんしつ》像などがあります。この乾漆像には像の中を空洞にした脱乾漆《だつかんしつ》と、木で荒どりをした上に漆を盛りあげた木芯《もくしん》乾漆とがあります。またいろいろな金属、銅とか鉄を流しこむ鋳造、また土で造り火で焼いた陶彫、そして煉瓦、あるいは瓦のように焼いた磚《せん》などがあります。

これらの中でわが国でもっとも多いのは、木像ですが、この材木についても、それは檜か、桜かという質問をよく受けます。もちろん檜が数の上では最も多く、材質的にもいちばんよいのですが、現実にはいろいろな材木があります。

それはどういうことかといいますと、たとえば山の中で、お寺を建てようとするときに、まずそれにふさわしい土地を選びます。ところが、その土地には前々から住みついていた神々がいる。その神々が、いま寺を建てようとする地域でいちばん古い大木に宿っている。という考えが、日本の神道的な解釈にあります。

こうした考えが日本人には根づよくありますので、僧侶や仏師の立場になりますと、同じ彫るのなら、ご本尊は寺の浄域にたつ御神木に彫ろうということになります。このようなことで、木像は、意外にいろいろな雑木に彫られているということが現実です。仏像を彫る材木は保存の上から選ぶ場合、檜がいちばんよいのですが、保存のことはまったく考

えずに、材木そのものに神霊が宿っているということで材料が選ばれるのですから、たとえその立木が腐って内部がうつろになっていても、むしろその部が尊い個所として、像の中心部になるような使い方をしているのがあるのです。

さて、『法華経』の「方便品」第二の偈《げ》に、作仏《さぶつ》法、つまりほとけを造る方法が書かれています。その内容をみますと、三重の塔とか五重の塔を建てたり、その塔の外や内部を飾る材料には、金、銀、玻璃《はり》（水晶）、硨磲《しゃこ》、瑪瑙《めのう》、瑠璃《るり》（ガラス玉）などを使いなさい、それから廟（お墓）には、栴檀《せんだん》とか沈水香（沈香）、樒《しきび》などの香をそなえなさい、と。また仏像を造る材料には、七宝、鍮石《ちゅうじゃく》（真鍮）、赤銅（銅）、白銅（ニッケルと銅の合金）、また、白鑞、鉛、錫、鉄、木、泥（土）、また膠《にかわ》、漆、布などいろいろなものがあります。

こういうふうに材料を列挙して、ほとけのために塔を造りなさい、廟を造りなさい、と。また、子どもがいたずらに土を盛り、砂の上に指先で何か形を描いて、これがほとけさんだといっても、その子は成仏する、仏道をなしとげることができる、といわれます。つまり即身成仏だと『法華経』には書かれているのです。

いたずらで砂の上に指でほとけを描いてもよいということになりますと、正式な仏像は造らなくてもよいということにまで発展してしまいます。

たとえば板に「南無阿弥陀佛」と書いたり、また亡くなった人の戒名を書いた塔婆なども家族の者にとっては、それは亡くなった人の霊を慰めるため、あるいは供養するために書かれたものですから、その塔婆は寺に祀られている仏像と同じように、粗末にできないという感情が起きてきます。また、そういう意味で木や石に文字を彫るとか、お墓の場合でも、何々家、先祖代々菩提というようにそこに彫られますと、石そのものも粗末にすることはできません。また、石に、「南無阿弥陀佛」と六文字を書いただけで、書いた人もほとけになる、つまり即身成仏ができるということになります。子どもがいたずらにしても、というところに話を結びますと、書いた人も成仏します。そうしますと、「南無阿弥陀佛」を彫られた墓石を拝むということは、阿弥陀如来像として造られた仏像を拝むことと

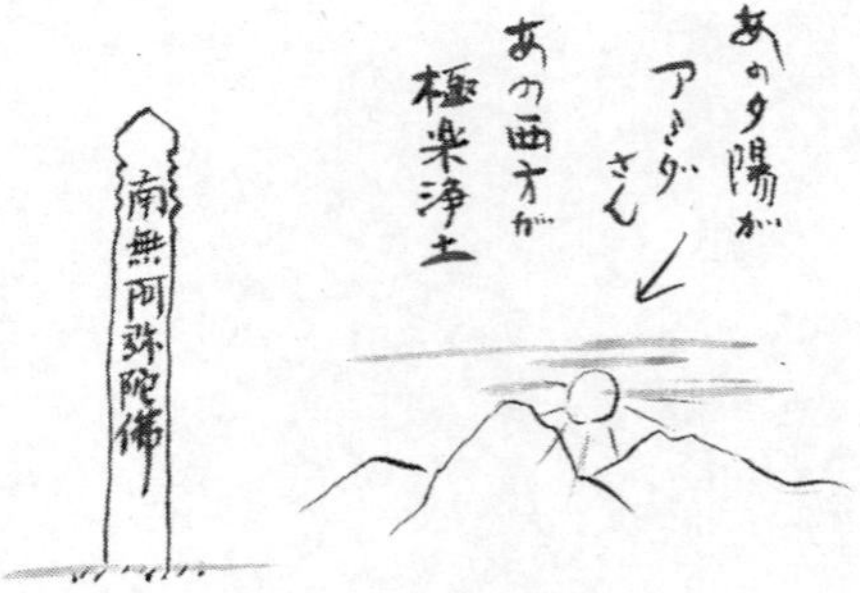

同じで、どちらも同じ阿弥陀如来を拝んでいるということになるのです。このように考えますと、如の世界観のように、一切のものが如来になってきます。

たとえば板に文字を書く場合、板そのものも板如来というほとけ、そして筆というほとけ、墨というほとけ、それを書く人もほとけで、そういうすべてのほとけが合体しているということになるのです。

さらにこんどは墨で直接「南無阿弥陀佛」と書かなくても、たとえば庭を掃除していて、落ち葉をみたときに、ああ、これもほとけなんだと感じ、あるいは向こうの山をみても、阿弥陀如来のようなお姿だと思い、あるいは夕日が落ちていく山の向こうが西方の極楽浄土で、山に隠れていく夕日そのものが、阿弥陀如来ではないかと、その山に向かって、合掌する気持ちが起きてきます。そのとき、わたくし一人が、ありがたいなあと、合掌しているのですが、その心はほかの人にはわかりません。つまりその山がわたくし自身の祈りの対象ということになります。

ところがその一方、仏像を造って皆で拝み、そして仏教の真髄をその像から学びとろうという考えで仏像を造るということになりますと、それは初めにいった蓮華蔵世界観とか、曼荼羅の世界観をじゅうぶん勉強して、まちがいのない形を造らなければなりません。そして如来の慈悲が完全に造形化されるように、しかも密教的にいえば、儀軌やいろいろな形が決められていますので、まちがいのないものを造ることが要求されます。そして、そういった像ができますと、初めて仏教における信仰の対象となる仏像ということになります。

しかし如の世界観からいいますと、そういうほとけの姿をした仏像の形をつくらなくても、材料そのものがみな如来であり、ほとけということになりますので、材料のほとけそのものを拝んでいてもよいということになります。たとえば阿弥陀如来像を彫っているとき、造仏の心がその材木と合体して形になるのですから、上手・下手には関係がなくなります。また彫っているわたくし自身もほとけだと気づきますと、いまわたくしが生きて彫っているということは生きた仏像がそこにできるということにもなります。さきほどの作仏法では成仏といういい方をしていますが、これはほとけとの縁を結ぶことができるというふうに考えればいいかと思います。

今日、写経や写仏がさかんになっています。しかし、その写経・写仏のやり方には多少問題があります。たとえば般若心経の写経ですと、印刷された般若心経の上に薄紙をあて、その上を墨でなぞっています。また仏画も原画があって、原画の上に薄紙をあてて、その線をなぞっています。これだと、たとえば写経の場合、文字を下から書いても書けるわけですし、仏画の場合も、足もとからさかさまにして描いても、なぞっているだけですから、だれにでも描けます。

しかし、本来の写経・写仏は、重ねて写すものではありません。原画を横に置いて白紙にそれを写しとっていくのが本当で、一文字ぬけても、まちがっても困ります。『般若心

経』の写経で「摩訶《まか》般若波羅蜜多心経」と書くときに、まず「摩訶」という文字が、読めるかどうかです。それには、辞書をひいて「摩訶」という字の読み方をたしかめ、さらにその「摩訶」とはどのような意味かということまで考えたうえで書こうとすると、なかなかすすみません。しかしそこに写経の意味があるのです。

わたくしの友だちが、奥さんを亡くしたので、写経を始めました。彼は一年で七百枚写経したといってわたくしにみせてくれました。それをみますと、その原本の文字がまちがっていて、「波羅蜜多」の「蜜」が「密」になっているのです。

それをわたくしが指摘しますと、友だちはがっかりしていました。これなどは写本に重

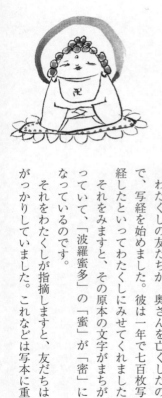

ねて写していたからです。

　また仏画の場合もそうです。たとえば千手観音のような場合、原画を置いてそれを白紙に描こうとしますと、どこから描いていいかわからない。顔から描くか、目から描くか、このように迷いながら、何遍も白紙と原画をみくらべる。つまり自分の眼をレンズにして、その原画を自分のこころに完全に焼きつけ、そして焼きつけたものをこんどは自分の手を通して、自分の手が一つの濾過器となって、白紙に墨を入れていく。この時に、原画が丸顔であったのが、自分が書いたのは面長な顔になってしまったという場合、それは原画からみれば下手にみえるかもしれない。しかしそれは自分のこころの中に焼きつけて、自分のからだを通してできた形です。ですから写

仏をしたその絵が問題なのではなしに、自分の心の中に焼きつけるということが肝腎なのです。

前にいいましたように秘仏の効果も、自分の心の中でそのほとけの姿を想像して、さらに心の中でそのほとけの姿をふくらましていくというところに秘仏のよさがあるのです。

それと同じで、原画をみて、自分の眼をレンズにして、自分の心にその姿を焼きつける。これが目的ですから、その描いた仏画の上手下手は問題ではないのです。

たとえば土で仏像を造る場合、土を自分の手の中に、合掌のように包みこんで、全身で、その土に体当たりする気持ちで、わたくしというほとけと土というほとけを合体さす。全神経を指先に集中して、その合掌の中から土

の塊りを形にして、そこに目鼻をつけますと、それはわたくしが生み出した、仏像ということになり、如の世界観からいえば、それこそありがたいほとけの誕生ということになるのです。
古来わが国でもたくさんの仏像が造られ、名作といわれるものも数多く出現しました。そしてそれらはみなそれぞれ多くのご利益を人々に与えてきました。でもそうした仏像と、わたくしの合掌の中から生まれた自作の土の仏像、それは形の上では拙いかもしれません。しかし、祈りの対象ということからすれば、それは作のよしあしを超えて、ともにありがたい祈りの造形ということになるのではないでしょうか。

あとがき

ほとけとは何か。そのほとけは、どんな姿で何処にいるのか。このことが、わたくしにとっては大きなテーマになっていました。

わたくしは三十七歳のとき得度を受け、天台宗の僧侶となったものですが、本来わたくしの職業は仏像彫刻家であり、わが国の国宝や重要文化財に指定された仏像修理の技術者でもありますので、このテーマが解決しなければ本当のよい仕事はできません。しかしこのテーマについては、古来、多くの僧や仏教信者の間でもむずかしい問題となっていますので、わたくしごときものに解決できるはずはありません。でも、これが未解決のままではすまされません。そこでわたくしなりの知識でわかる範囲の本を読み、経典もみて、それが仏像彫刻や仏画に、造形としてどのように表現されているかを、多くの仏教美術の中から探りました。それは古来、僧や仏師たちがこのテーマに対する答えを形に造り、現にわたくしたちの目の前に遺されているからです。

わたくしが昭和十六年から今日まで、国宝仏に手を触れた数は、約千三百体に及んでいます。その仏像たちからこのテーマについての答えを、わたくしに語りかけられた数は膨大なものとなりました。そこで、わたくしと同じ道を歩もうとする若者たちのために、文字にしておきたいと思い、昭和五十一年『仏像の再発見』、五十四年『仏の世界観』（各吉川弘文館）を出版、また仏教美術愛好者のためにと『やさしい仏像の見方』（新潮社）などを刊行しました。その後、NHKの市民大学講座「祈りの造形」に出演し、そのテキストが日本放送出版協会の単行本となりました。これらの内容を集約して掲載したいと在家仏教協会から申し出があり、月刊誌『在家佛教』に一年間連載しました。

本書は、この連載を一冊にまとめたものですが、それにわたくしがもっとも強調したかったことを語り、しかも、それが子どもたちにもわかるようにとさし絵七十枚を描き加えておきました。この造本こそわたくしが長い間考えていた形です。多くの方々に、お役にたてていただければ幸いです。

平成二年八月

西村公朝

改訂版　あとがき

「ほとけの姿」を説明するにあたって、私はまず、三身（法身・報身・応身）を説き、そのほとけたちのおられる世界を、蓮華蔵世界観・曼荼羅の世界観・如の世界観の順に説きました。

しかし、ここでその内容をもっと簡単に理解して頂くための一方法として、付け加えておきたいことがあります。それは、仏の世界を、先の順ではなく、その逆の如の世界観から見た方が、現代的にわかりやすいと思いましたので、これを本著のまとめとしました。

如の世界でいいますと、私を取り巻く自然を構成している一切のものは、すべて法身の仏です。この仏たちには、すべて形と働きがありますので、これを密教では曼荼羅の世界観として、いろいろの仏たちに異なった姿と法力を人格化表現して図像化しました。このことが九世紀に初めて、密教として日本に伝えられたことによって、いろいろの仏の存在を知ることができたのです。ところがこの密教に対し、八世紀以前の教義や仏界の考え方を顕教《けんぎょう》といっているのですが、ここでは仏の名称としては、如来・菩薩・天部のグループだけでした。そこで、本著の蓮華蔵世界観の須弥山上空についての文を見直してほしいのです。

「さて、この二十五部の各一段階ずつをみますと、そこに無数のほとけたちがいます」と。ここでいう無数の仏たちが、何故、如来・菩薩・天部だけであって、後の密教の中で最も信仰的に多く造像された不動明王や愛染明王という「明王」のグループがいないのか、もともと仏界の中には、当初からいなかったのかということが疑問になってきます。そこでこの点を是非詳らかにしておかねばならないと思いましたので、確認しておいて下さい。（五一頁）

梵網経・華厳経でいう仏の世界観では、まず毘盧舎那如来・毘盧舎那仏を法身として、これを如の世界観でいう仏界・自然界としています。その仏界に教主の盧舎那仏がおられ、その仏の肉髻珠から千体の釈迦如来を化仏として発射し、さらにその千釈迦の各肉髻珠から、各々百億の菩薩形の釈迦を化仏として発射しているということで終わっているのです。つまり、この膨大な仏界でのほとけたちは、すべて釈迦如来だというのです。ところが、これを密教では、この無数の菩薩たちがそれぞれに苦行し、その結果、特異な法力をもつ如来や菩薩・明王などに変身したと言っています。このことにより、薬師如来や阿弥陀如来、また観音菩薩や地蔵菩薩、そして不動明王など、いろいろの仏が誕生したのです。

密教は、二、三世紀頃にインドの僧・龍樹《りゅうじゅ》（龍猛《りゅうみょう》）によって体系づけられたものであり、それ以前の顕教による仏像の造像は、紀元一世紀の中頃からですから、この顕教と密教における仏名の考え方、特にその造形には、今後一層の研究が必要です。

この両者を教義的には、仏教学者は、もちろんこれまでに十分研究もし、論争もしてきたと思いますが、造形的には互いに触れようとはしていません。そこで私は、現代の人々に理解しやすくするため、顕教と密教の両者を一体化しました。本著五二頁の文のように「無数のほとけたちがいます」といって、何仏と特定しなかったことをご了解願いたいと思います。

合掌

二〇〇〇年八月

西村公朝

西村公朝略歴

大正四年（一九一五）六月四日　大阪府高槻市（旧・三島郡富田町）に「利作」生まれる
昭和一〇年（一九三五）四月　東京美術学校（現・東京芸術大学美術学部）彫刻科木彫専攻入学
昭和一五年（一九四〇）三月　東京美術学校卒業　卒業制作「仰望」正木賞受賞
昭和一五年（一九四〇）四～一二月　大阪工科学校　教員（図画担当）となる
昭和一六年（一九四一）一月　美術院に入る
（一九四六年美術院国宝修理所、一九六八年財団法人美術院、二〇一三年公益財団法人美術院に改名）
昭和一七年（一九四二）四月　召集令状、中国へ派兵される
昭和二〇年（一九四五）一一月　終戦により中国から帰国。美術院に戻る
昭和二七年（一九五二）一一月　青蓮院で得度。法名「公朝」を授かる
昭和三〇年（一九五五）天台宗愛宕念仏寺住職を拝命
（国宝、重要文化財の仏像修理に全国を駆け巡る傍ら、荒れ果てた愛宕念仏寺の復興に取組む）
昭和三四年～五〇年（一九五九～七五）美術院国宝修理所所長

昭和三六年～五二年（一九六一～七七）香川県文化財専門委員
昭和三九年（一九六四）東京芸大大学院保存修復技術研究室非常勤講師となる
（昭和三八年　東京芸大に保存科学研究室、保存修復技術研究室が設置される）
昭和四二年（一九六七）東京芸大助教授となる
昭和四三年（一九六八）美術院国宝修理所を財団法人化し、財団法人美術院とする。所長と理事を兼務
昭和四九年（一九七四）東京芸大教授就任。東京芸大美術学部附属古美術研究施設施設長を兼任
昭和五〇年（一九七五）美術院所長を退任し、理事と修理技術顧問を兼務
昭和五一年（一九七六）初の著書『仏像の再発見―鑑定への道』（吉川弘文館）出版
昭和五六年（一九八一）愛宕念仏寺仁王門修復工事完成落慶法要
素人による石の羅漢彫り始める
昭和五八年（一九八三）東京芸大定年退官
昭和五八年～六一年（一九八三～八六）関西女子美術短大教授
昭和五九年～平成一五年（一九八四～二〇〇三）叡山学院講師、東方学院講師
昭和六一年（一九八六）東京芸大名誉教授の称号を授与される

昭和六三年（一九八八）天台座主山田恵諦猊下より「天台大仏師法印」号授与
昭和六三年〜平成二年（一九八八〜一九九〇）宝塚造形芸術大学（現・宝塚大学造形芸術学部）非常勤講師
平成三年（一九九一）愛宕念仏寺「千二百羅漢落慶法要」厳修
平成四年〜平成一五年（一九九二〜二〇〇三）吹田市立博物館初代館長
平成六年（一九九四）十大弟子像制作を発願（毎年一躰ずつ制作、平成一五年完成）
平成八年（一九九六）叡山学院名誉教授
平成一一年（一九九九）六月一四日　天台宗大僧正　補任
平成一五年（二〇〇三）一二月二日　遷化（享年八九）
＊一〇〇冊以上の著書刊行。原稿掲載雑誌多数。主な連続出演番組（ＮＨＫ「女性手帳」「市民大学」「婦人百科」「さわやかくらぶ」「趣味悠々」、ＫＢＳ京都「比叡の光」、毎日放送「真珠の小箱」など）。その他出演テレビ、ラジオ番組多数。

受賞・叙勲歴
昭和五〇年（一九七五）（六〇歳）　紫綬褒章
昭和五八年（一九八三）（六八歳）　仏教伝道文化賞

昭和六一年（一九八六）（七一歳）天台大仏師法印号
昭和六二年（一九八七）（七二歳）勲三等瑞宝章
平成元年（一九八九）（七四歳）東方文化賞（財団法人東方研究会、駐日インド大使館）
平成一二年（二〇〇〇）（八五歳）岐阜県主催第一回円空大賞
平成一四年（二〇〇二）（八七歳）大阪文化賞
平成一五年（二〇〇三）（八八歳）天台特別功労賞
平成一五年（二〇〇三）（享年八九）従四位

展覧会歴

昭和一五年（一九四〇）『紀元二千六百年奉祝美術展覧会』入選
『第四回東邦彫塑院展』入選
『紀元二千六百年奉祝大阪市美術展覧会』入選
昭和一六年（一九四一）『第五回東邦彫塑院展』入選
『第一回大阪市美術展覧会』入選
昭和二二年（一九四七）『第三回日展』入選
昭和四六年〜平成一五年（一九七一〜二〇〇三）グループ展「ほとけの造形展」主管
平成元年（一九八九）新潟市・文信堂書店にて「西村公朝 祈りのほとけ百八尊展」

平成二年（一九九〇）東京・主婦の友社にてチャリティー展「西村公朝　祈りのほとけ百八尊展」。近鉄百貨店上本町店「西村公朝　祈りのほとけ百八尊とほとけの造形展」

平成一二年（二〇〇〇）岐阜県美術館にて「円空大賞展」

平成一四年（二〇〇二）岐阜県美術館にて「円空大賞岐阜展」。東京・ラピロス六本木・オリベホールにて「円空大賞東京展」。山形県羽黒町・いでは文化記念館にて「西村公朝仏画展」

平成一五年（二〇〇三）二〜三月　吹田市立メイシアターにて「西村公朝　仏の世界」展

平成一五年（二〇〇三）一一月〜一二月　清水寺奥院本尊御開帳記念「西村公朝　生まれてよかった」展

平成一七年（二〇〇五）一〇〜一二月　吹田市立博物館にて「西村公朝　祈りの造形」展

平成二〇年（二〇〇八）四〜六月　吹田市立博物館にて「西村公朝　たどり来し道」展

平成二〇年（二〇〇八）一一月〜一二月　清水寺経堂にて「公朝師彫刻・良慶和上展—金蘭の交わり—」展

平成二七年（二〇一五）四〜六月　吹田市立博物館にて「生誕一〇〇年西村公朝展　ほとけの姿を求めて」展

平成三〇年（二〇一八）四〜六月　吹田市立博物館にて「西村公朝　芸術家の素顔」展

主な制作作品、制作年

昭和三一年（一九五六）　京都市伏見区・善願寺「不動明王坐像（かやの木不動）」
昭和三六年（一九六一）　岩手県西磐井郡・中尊寺開山堂「慈覚大師坐像」
昭和三九年（一九六四）　佐賀県三養基郡・瀧光徳寺五重宝塔「不動明王像」
昭和四八〜五二年（一九七三〜七七）　京都市東山区・智積院「木造大日如来坐像」
昭和四九年（一九七四）　京都市東山区・清水寺「管長大西良慶和上坐像」
昭和五二年（一九七七）　名古屋市昭和区・香積院「一葉観音菩薩坐像」
昭和五五年（一九八〇）　京都市右京区・天龍寺「飛雲観音菩薩立像」
昭和五六〜五七年（一九八一〜八二）　奈良県生駒郡・法隆寺「法隆寺第百四世佐伯良謙管主坐像」
昭和五九年（一九八四）　京都市東山区・清水寺大講堂多宝閣「仏足石」
昭和五九年（一九八四）　兵庫県宝塚市・清荒神清澄寺「弘法大師坐像」
昭和六〇年（一九八五）　兵庫県美方郡・大乗寺「弘法大師坐像」
昭和六一〜六二年（一九八六〜八七）　滋賀県大津市・比叡山延暦寺戒壇院「本尊釈迦如来坐像」
昭和六二〜六三年（一九八七〜八八）　比叡山延暦寺八部院堂「妙見菩薩坐像」「梵天・帝

釈天立像」「四天王立像」
平成元年～二年（一九八九～九〇）群馬県藤岡市・浄法寺「伝教大師立像」
平成三年（一九九一）京都市右京区・愛宕念仏寺ふれ愛観音堂「ふれ愛観音像」（現在全国六〇カ所以上で祀られている）
平成五年（一九九三）兵庫県宝塚市・清荒神清澄寺「真言八祖像」
平成六～七年（一九九四～九五）鹿児島県姶良市・紹隆寺「釈迦三尊坐像」
平成六～一五年（一九九四～二〇〇三）京都市右京区・愛宕念仏寺羅漢洞「十大弟子像」
平成九～一三年（一九九七～二〇〇一）奈良県生駒郡・法隆寺三経院「勝鬘夫人像」「維摩居士像」

西村公朝　主要著作（出版社別）

吉川弘文館

『仏像の再発見　鑑定への道』一九七六

『仏の世界観　仏像造形の条件』一九七九

『仏像の再発見　鑑定への道』二〇〇八（改訂版）

新潮社

『仏像は語る』一九九〇

『仏像は語る』一九九六（文庫版）

『極楽の観光案内』一九九八（文庫版）

『仏像の声』一九九八（文庫版）

『ほけきょう　やさしく説く法華経絵巻』二〇〇一（文庫版）

『わが般若心経』二〇〇二（文庫版）

『やさしい仏像の見方』（共著）一九八三、二〇〇三（改訂版）

『仏像の見分け方』（共著）一九八七

『密教入門』一九九六

『運慶　仏像彫刻の革命　やさしい仏像の見方シリーズ』（共著）一九九七
『釈迦と十大弟子』二〇〇四
『仏の道に救いはあるか　迷僧公朝のひとりごと』二〇〇八
『芸術新潮』・「特集　やさしい仏像の見方」（執筆）一九八三、三
・「特集　密教への一歩」（執筆）一九八四、一一
・「特集　知っておきたい仏像の見分け方」（執筆）一九八六、一一
・「仏像は語る」（20回連載）一九八八、五～
・「特集　仏師西村公朝が語る　運慶の革命」（執筆）一九九二、二
・「特集　仏師西村公朝が語る　釈迦十大弟子」（執筆）一九九七、一

講談社　『国宝仏を訪ねる　仏のひびき』二〇〇一
小学館　『仏像が語りかける生きるヒント』二〇〇一
平凡社　『よくわかる仏像の見方　大和路の仏たち』一九九九
『西村公朝と仏の世界　生まれてよかった』二〇〇二
日本放送出版協会　『美の秘密　二つの弥勒菩薩像』（共著）一九八二

法蔵館　『祈りの造形』一九八八
『やさしい仏画の描き方』二〇〇三
『やさしい仏画の描き方　仏教をしてみませんか』一九八七
『やさしい仏像の造り方　土と水と手で』二〇〇三
『千の手千の眼　羅漢講座』一九八六

学習研究社　『仏像物語　仏はどこに、どんな姿で』一九八八
『仏像物語　ほとけの姿・慈悲のこころ』一九九六
『西村公朝仏画集、祈りのほとけ百八尊』一九八八

毎日新聞社　『ほとけの姿』一九九〇
『魅惑の仏像一〜二八』（共著）一九八六〜一九九六
『ほとけの顔一〜四』一九八九
『極楽の観光案内』一九九三

淡交社　『秘仏開眼』一九七六
『古寺巡礼　京都』（第二四巻　清水寺）（共著）一九七八

佼成出版社　『仏像の声　形・心と教え』一九九五
『「形」でわかる仏像入門』二〇一一（改訂版）

ほるぷ出版　『西村公朝が語る般若心経のこころ』一九九八

工作舎『KATACHI　特集女の形・男の形　形の文化誌』二〇〇一
ベネッセコーポレーション『仏像通　仏像に個性を見つける愉しみ』一九九八
広済堂出版『どう生きたらいいのか　一度の一生を変える知恵　高僧が贈る慈雨の言葉』一九八九
ブレーンセンター『祈りの造形物語』一九九八
東方出版『昭和の生きた羅漢さん』一九八三
スタジオキャットフィッシュ『目蓮と母』一九九五
山海堂『やさしい仏像の造り方　土と水と手と』一九八五
日経BP社『傑僧説法　ビジネスに響く百八のことだま』二〇〇四

『ほとけの姿』改訂版によせて

大成栄子

「今まで書いた本の中で英語に翻訳するとしたら、どれがいい?」と、父・西村公朝（一九一五〜二〇〇三）に二〇〇〇年春、私は尋ねました。公朝は、すかさず「『ほとけの姿』やな。あれに今一番言いたいことを纏めたからな」と答え、そして「英語にしてくれるなら、もう一度見直すから、待っててや」と言い、早速一九九〇年発行の『ほとけの姿』（毎日新聞社）に丹念に朱を入れました。

私はこの時、驚きました。公朝は、それまでにも多くの著書を出版し、「代表作」と評されるものもありましたので、「何故『ほとけの姿』なのか?」と不思議に思ったのです。

元々、『ほとけの姿』は、一九八六年春に放送され、高視聴率を得て、翌年夏に再放送されるなど、好評を博したNHK市民大学『祈りの造形』のテキスト（日本放送出版協会）が基になっています。このテレビ番組『祈りの造形』で、公朝は、「仏像とは何か」、「ほとけたちはどんな姿で、どこにおられるのか」など、難解な「仏教哲学」と美学的な「仏教芸術」を、映像を駆使して、誰にでも分かるように解説しようと試みました。

「表現」には、目に見える有形の表現と、哲学や思想を構造的に組み立てて形にする無形の表現があり、この両方が表裏一体となって形として表現されていなければ真の芸術ではないのではないか。公朝は、目に見えない「宗教・祈り」と実体を伴った「芸術・造形」とを合体させた概念を、「祈りの造形」という言葉で明晰にしました。そして、このNHK市民大学の講座を担当するにあたり、そのタイトルを『祈りの造形』としたのです。

このテキストでは、仏教の真髄である「慈悲」を目に見えるように人格化表現した仏像を、仏像修理技術者、仏像彫刻家、僧侶という複眼的見地から解説しました。そして、このテキストに推敲を重ねて、一九九〇年に『ほとけの姿』が出版されたのです。

ですから、『ほとけの姿』は、公朝の大切な一冊だったのです。

二〇〇〇年に英語版を刊行しようという際に、自分の言いたかったことをより鮮明にするために、公朝は再び手直ししました。

私はその改訂された原稿を基に英文化し、米国人尼僧の校正も経て、国内外の出版社と交渉をしましたが、結局実現出来ませんでした。公朝は、仏像の魅力を日本人だけでなく、外国人にも知って頂きたいと英語版刊行を楽しみにしていましたが、残念ながら二〇〇三年に亡くなりました。

私は、この公朝の改訂版への熱い思いを忘れたことはありませんでした。そして、二〇一八年秋に突然、筑摩書房から公朝の著書の一つを再出版したいというお電話を頂きました。私は、これこそ奇遇と思い、即座に『ほとけの姿』を提案しました。

今回「改訂版」として出版して頂いたこの『ほとけの姿』は、公朝が推敲を重ねて、最晩年にもう一度どうしても伝えたかった「ラストメッセージ」でもあります。公朝が英語版刊行を期して書いた「はじめに」と「あとがき」を保管していましたので、それも本著に加えました。

公朝は一九四〇年、東京美術学校（現・東京芸術大学美術学部）彫刻科を卒業し、翌年、国宝の仏像を修理する美術院（現・公益財団法人美術院）に入所しました。しかし一年後に召集令状が来て、三年半（一九四二〜四五）中国各地で衛生兵として任務につきました。悲惨で苛酷な戦場で、仏像修理に一生を捧げることを決意しました。幸いにも終戦で無事帰国し、一九七五年に美術院国宝修理所所長を退任するまでの三〇年間、仏像修理技術者として全国各地を廻り、約一三〇〇体の仏像を修理しました。なかでも一番思い入れの強い仏像は、京都・妙法院三十三間堂の木造千手観音立像一〇〇一躯で、その内の六〇〇体の修理に公朝は携わりました。

そして国宝や重要文化財の仏像修理を通して、古の仏師たちの技術や技量を感得し、そこから公朝独自の仏像や仏画の世界を築きあげました。

また仏像を正しく造ろうとすると、経典からだけでは分からないことが多々あると気づき、一九五二年、三七歳の時に得度しました。縁あって、一九五五年天台宗の末寺・愛宕《おたぎ》念仏寺（京都市右京区嵯峨鳥居本深谷町二-五）の住職を拝命しました。この寺は七六六年、称徳《しょうとく》天皇開基の勅願寺院でしたが、一九五〇年代は、京都一の荒れ寺と言われていました。公朝が私淑する京都・清水寺元貫主大西良慶和上のご支援や、公朝の呼びかけで集った全国の老若男女が自らノミを振るった石の羅漢さんたちのお陰で、現在は「千二百羅漢の寺」として賑わっています。

また東京芸大教授として、仏像修理の指導研究に貢献し、後進の育成と文化財保護精神の高揚にも尽くしました。

今日私たちが全国の神社仏閣で拝み、博物館などの展覧会で鑑賞している仏像や神像は、長い歴史の中で仏師たちにより延々と修理されて来ました。明治時代からは、美術院の仏像修理技術者たちの地道な活動があって、今日まで伝えられています。有名な東大寺南大門の仁王像や、唐招提寺の千手観音立像などの大規模な解体修理もあれば、広隆寺の弥勒菩薩半跏思惟像の折れた薬指の接合のような非常に小さな修理まで、この百有余年間に美術院が修理した仏像の数は枚挙にいとまがありません。しかしどの修理も、美術院の特別な修理技法で修理され、最後は、剝落古色付けをして修理箇所が分からないように処置されています。ですから、寺院や展覧会場で、仏像修理技術者たちの存在に思いを馳せる方は少ないのではないかと思いますので、美術院に関して、少し紹介させて頂きます。

日本の文化財として修理される仏像や神像の修理法には、現状維持修理と復原修理がありますが、最も多く行なわれている法は、現状維持修理です。これは、現在、損じている箇所だけを修理して、それ以上に損傷が移行しないように処置することが目的ですから、構造上危険でない箇所が欠失していても、これには補足しません。一方復原修理を目的とすることも時にはあり、その最も有名な例は、三十三間堂の千手観音立像一〇〇一軀の大修理です。
一九六〇年、国宝第一号に指定された広隆寺の弥勒菩薩半跏像の薬指が折られた事件は、日本だけでなく世界中のニュースとなりました。たった一週間で、非常に小さな部分の接合を完璧に成し遂げた公朝たちは、一躍脚光を浴び、「日の当たらぬ名医さん」などと特集記事が出るなど、美術院国宝修理所の存在が世に知れることとなりました。

美術院は、岡倉天心が一八九八年に設立した日本美術院から始まります。一八九七年六月に、岡倉天心や伊東忠太（建築家、建築史学者）の努力が実り、古社寺保存法が制定され、全国の古刹殿堂什宝のうち、文化遺産として貴重な建物を特別保護建造物、仏像などの美術工芸品を国宝（旧国宝）に指定すると共に、これらを修理する計画が立てられました。

一八九八年三月に天心は東京美術学校を罷免されましたが、同年七月に同校教員であった横山大観や新納《にいろ》忠之介たちと日本美術院を設立します。古社寺保存法による修理事業のうち、国宝については日本美術院に委嘱されることとなり、仏像などの彫刻の修理は、新納と菅原大三郎が担当することとなりました。ここに、制度として修理費の大半を国が賄うという国宝修理事業と保存研究の道が出来ました。天心が唱えた文化財修理の「研究して、修理する」という基本理念に基づいて、延々と、徹底した調査と研究が積み重ねられて、今日の文化財保存修復があります。

その後、日本美術院は、一九〇六年九月の組織改正で、美術品制作を第一部とし、国宝修理を第二部としました。第二部は、奈良・東大寺勧学院に事務所を置き、新納、菅原、明珍恒男、国米元俊らが中心となって仏像修理を継続しました。

一九一三年九月二日の天心逝去後、一四年に日本美術院はそれぞれ独立し、第一部はその後、院展となり、第二部は、美術院と改称します。

美術院は、現在、京都市内に事務所を置き、京都と奈良の各国立博物館文化財保存修理所内に、それぞれ修理工房を設置しています。

ここへ全国から仏像が運ばれて来ますが、終戦までは奈良に事務所があり、修理が必要な仏像のある寺へ、何人かの技術者がグループになって出張修理をしていました。若い技術者の養成もそれぞれの現場でやっていました。

公朝は、文部省文化財保護委員会の技官たちと、一九五〇年五月制定の文化財保護法に基づき、日本のすみずみ、山奥や小島に至るまで、仏神像の現地調査に出かけました。昭和二十年、三十年代は、他の修理技師たちと共に現地に何ヶ月も滞在して修理するなど、一年のほとんどを調査や出張修理に明け暮れていました。乏しい予算の中、薄給にも関わらず、所員たちは使命感に燃えていました。家族たちも寂しさと貧しさに耐えねばなりませんでした。当時の鉄道での移動は、今では想像出来ないくらいの難行苦行で、一九五八年に宮城県牡鹿半島の先端まで出張した修理現場からの葉書には、「ながい汽車であきあきしました」と書いています。

公朝が美術院に入った一九四一年当時も事務所は奈良にあり、技術者は一七、八人いました。公朝は、三十三間堂の千手観音立像千一軀修理現場へ派遣されます。この修理事業は、一九三六年から五七年までかかりました。終戦と同時に一時中断していた三十三間堂の修理を、四六年一月より再開し、奈良美術院と俗称されていた名称を美術院国宝修理所と改名して、事務所を三十三間堂の修理工房に移しました。公朝は、五九年に第四代所長に就任し、六二年に、京都国立博物館内に事務所と修理工房を移転しました。「文化財修理技術を伝承する組織としての安定」と「職員の生活の安定」を目指して、六八年、美術院創立七〇周年を機に財団法人化しようと奮闘しました。その後二〇一三年に、公益財団法人美術院となりました。

戦前の古社寺保存法・国宝保存法により国宝に指定されていたものは、戦後一九五〇年制定の文化財保護法において、すべて重要文化財として指定されました。そして、その中から特に貴重なものが国宝指定されます。それゆえ、美術院は、戦後は、国宝と重要文化財（いわゆる旧国宝）の仏像修理を手がけることとなりました。

公朝の著書は、その読みやすさから、仏教学術専門書というよりも、エッセーのように捉えられるかも知れません。しかし、実は、多くの難解な経典を自分なりに熟読し、反芻し、昇華させて、身近な例えと独特のイラストを用いて、少しでも多くの方に「釈尊の教え」を理解して頂きたいと、情熱を注いできました。仏像の内科医で外科医でもあった仏像修理者と、ほとばしる創作意欲を持ち続けた芸術家としての深い知識と豊富な経験に裏打ちされた経歴から生み出された解説は、人々を十二分に納得させたことでしょう。

どの著書も一見平易な文章で書かれていますので、読者は、一度読むと即座に内容を理解したように感じます。しかし時間をおいて、年齢を重ねて、また様々な人生経験を経て、再度読みなおしますと、同じ本の中に公朝が伝えたかった深意を新たに発見して頂けるのではないでしょうか。

本著が、以前ご購読頂いた方だけでなく、新たに興味を抱いて下さった方々のお手許にも届き、深遠な「仏像の造形美」を再発見して頂ければと思います。

カバー表紙絵は、愛宕念仏寺境内に一九八三年建設された集会場「羅漢洞」の壇上壁面に、公朝（六八歳）が描いた『釈迦如来説法図』（縦一六五cm、横四三三cm）の中央部です。四〇歳で荒廃した寺の住職を拝命してから、仏像修理で全国を駆け巡る傍ら、本堂や仁王門の解体修理に取りかかりました。釈尊が説法している光景をパノラマのように境内一杯に表現したいとの構想の下、善男善女の手による羅漢像群を配置し、「三寶之鐘」（鐘撞堂）や「ふれ愛観音」堂建設など、次々とアイデアを実現していきました。

公朝はいつもサインを請われると、「あなたも仏」や「生れてよかった」と書きました。この『説法図』に描かれている十大弟子たちと共に、私たちも「十一番目の弟子になれるよ」と言ってくれている釈尊の温かい声が聞えてくるようです。

カバーデザインは、公朝の孫の一人である大成拓、題字（書）は、その妻・恵が担当しました。

また「口絵」は、公朝（五四歳）がキャンバス（約縦二m、横五m）に釈尊の生涯を伝える有名な場面場面を描いた絵巻物のような油彩画『釈尊伝』の一部です。大衆に混じって、懸命に合掌しながら釈尊の説法に聞き入っている公朝自身も小さく描き込まれています。

最後に、本著の改訂版を実現して頂きました筑摩書房の渡辺英明氏はじめ編集局の皆様に心から感謝申し上げます。

なお、二〇一九年六月一五日〜七月七日（予定）、公朝が初代館長をしておりました吹田市立博物館（大阪府吹田市岸部北四‐一〇‐一）で、一九年度企画展『西村公朝流仏像のつくりかた』（仮題）を開催致しますので、こちらも多くの方々にご高覧頂ければ幸いです。

大成栄子（おおなり・えいこ）

西村公朝の長女。二〇〇八年、西村公朝の遺稿集『仏の道に救いはあるか　迷僧公朝のひとりごと』（新潮社）編纂。二〇一五年、大成栄子著『祈りの造形　評伝・西村公朝の時空を歩く』（新潮社）出版。

本書は、一九九〇年一〇月、毎日新聞社より刊行されたものに、著者が遺した朱入本を元に、加筆・修正を施したものである。

ちくま学芸文庫

ほとけの姿《すがた》

二〇一九年二月十日　第一刷発行

著　者　西村公朝（にしむら・こうちょう）

発行者　喜入冬子

発行所　株式会社　筑摩書房
東京都台東区蔵前二―五―三　〒一一一―八七五五
電話番号　〇三―五六八七―二六〇一（代表）

装幀者　安野光雅

印刷所　中央精版印刷株式会社

製本所　中央精版印刷株式会社

ISBN978-4-480-09909-9 C0115